Die Engel

Bewusstseinscoaches aus dem Inneren

Herstellung und Verlag:

BoD – Books on Demand, Norderstedt

Umschlaggestaltung: Eva-Maria Shire

Bilder: Axel Englert &

Eva Maria Shire https://shireart.de/

ISBN: 9783754347317

(Bild: Eva Maria Shire „ shireart.de")

„*Der Mensch besitzt eine sichtbare und eine unsichtbare Werkstatt. Die sichtbare, das ist sein Körper, die unsichtbare, das ist seine Imagination (Geist) ... Die Imagination ist die Sonne in der Seele des Menschen... Der Geist ist der Meister, die Imagination sein Werkzeug und der Körper das formbare Material ... Die Macht der Imagination ist ein bedeutender Faktor in der Medizin. Sie kann Krankheiten verursachen und heilen. Krankheiten des Körpers können mit Hilfe von Arzneien geheilt werden oder dank der Macht des Geistes, der durch die Seele wirkt.*"*

(E. Hartmann: Paracelsus: Life and Prophecies - S. 111-112)

Inhalt

Die Engel – Geschichtliche Aspekte

Ein Engel ist angeblich ein übermenschliches Wesen, das als Mittler zwischen Gott und dem Menschen dient und darin verschiedenen Botengottheiten ähnelt. Als Bewohner des Himmels werden die Engel geflügelt dargestellt, vor dem dritten Jahrhundert in biblischer Darstellung, allerdings als ungeflügelte Jünglinge. Die Darstellung als geflügelte Wesen ist wohl von altgriechischem Vorbild beeinflusst. Engel tragen übrigens verschiedene Namen in der Geschichte der Völker. Hier tauchen sie in allen Kulturen tauchen überall auf.

Sie heißen dort:

Deva in der indischen Tradition/Daena im alten Iran/Genius bei den antiken Griechen Daimon bei Sokrates/Angelos /Engel bei den Juden/ Christen

Die Apokalypse (Nicht von Apostel Johannes, sondern von einem Johannes Patmos 40- 70 n.Chr.) demonstrierte angeblich den Christen eindrucksvoll die ungeheure Macht der Engel. Hinzu kamen zahlreiche weitere Berichte über die Aufgaben der Engel, die wir bereits ausführlich erörtert haben.

Besonders die Vorstellung von Schutzengeln entsprach einer tiefverwurzelten Sehnsucht der Menschen nach Schutz und Geborgenheit.

In den ersten nachchristlichen Jahrhunderten entwickelte sich deshalb ein regelrechtes Engelfieber, so dass die Kirche fürchten musste, der Engelskult werde die Gottes und Christusverehrung in den Schatten stellen. Die Kirchenväter versuchten daher, die Engelsverehrung einzuschränken und verboten auf dem Konzil von Laodicea (363 n. Chr.), den Engeln außerhalb der öffentlichen Gottesdienste einen privaten Kult zu widmen. Außerdem wurden nur die Engelnamen Michael, Gabriel und Raphael offiziell anerkannt, weil die Bibel nur diese drei namentlich erwähnt.

Doch das Konzil blieb ohne Wirkung. Als nämlich im 5. Jahrhundert Dionysius Areopagita sein Buch "Über die Himmlische Hierarchie" veröffentlichte, erhielt der Engelglaube neue Nahrung.

Immer mehr „himmlische Geschöpfe" bekamen einen Namen, so dass sich die anonymen Wesen in anbetungswürdige Persönlichkeiten verwandelten.

Zudem tauchten Anfang des 5.Jahrhunderts die ersten Wandmalerelen von Engeln mit Flügeln auf, was die Gläubigen nur noch mehr begeisterte. So musste die Kirche schwerere Geschütze auffahren.

Auf der Ad Lateran Synode (745 n. Chr.) startete Papst Zacharias eine Engelsverfolgung und setzte Uriel, Samiel und Raguel auf eine schwarze Liste, weil diese Engel bei magischen Riten angerufen wurden (später begnadigte die Kirche Uriel wieder).

Außerdem verurteilte der Papst den Brauch, Engeln einen Namen zu geben. Der Engelskult blühte aber weiter und erreichte im 12. und 13. Jahrhundert seinen Höhepunkt.

In jener Zeit lenkten die Engel alle Naturgewalten und beherrschten das gesamte Universum. Alle Elemente, Himmelsrichtungen, Jahreszeiten, Tierkreiszeichen, Wochen, Tage und sogar die einzelnen Stunden hatten einen speziellen Schutzengel.

Hier einige Beispiele: Michael beherrscht symbolisch den Süden, Raphael den Osten, Gabriel den Westen und Uriel den Norden.

Doch gerade als die Engel am Zenit ihrer Popularität standen, traten mehrere verhängnisvolle Ereignisse ein und versetzten den „himmlischen Heerscharen" einen Schlag, von dem sie sich nie wieder gänzlich erholen sollten.

Zum einen schleppten genuesische Seeleute 1347 die Pest in Europa ein. Innerhalb von fünf Jahren raffte der Schwarze Tod zwei Drittel der städtischen und ein Achtel der ländlichen Bevölkerung Europas hinweg.

Mit Entsetzen merkten die Gläubigen, dass die Engel sie im Stich ließen und ihnen nicht im Kampf gegen die grauenhafte Seuche halfen.

Fast zur gleichen Zeit kam es zur Kirchenspaltung, bei der sich nicht nur Päpste in Rom und Avignon gegenüberstanden, sondern auch nur zwei verschiedene Glaubensrichtungen:

Die intellektuellen Theorien des Thomas von Aquin konkurrierten mit der Lehre des Franz von Assisi, der jedem Menschen unmittelbare Gotteserfahrung und Intuition zuschrieb. Die Franziskaner, die sich in ihren Gebeten, ohne Zwischenschaltung der Engel, direkt an Christus wandten, kamen beim Volk unvergleichlich besser an als Thomas von Aquin und der traditionelle Klerus. Außerdem konnten sich die pestgeplagten Menschen mit dem leidenden Christus stärker identifizieren als mit den Engeln.

Den dritten Todesstoß erhielten die Engel schließlich von den Naturwissenschaften.

1512 entdeckte nämlich Kopernikus, dass sich die Erde um die Sonne dreht und dass hinter den Bewegungen der Sterne und Planeten Naturkräfte stehen, nicht Engel. Wegen der Erfindung des Buchdrucks konnte die Kirche nicht mehr verhindern, dass sich dieses neue Wissen über ganz Europa ausbreitete.

Im Übrigen quälten die Kirche zu jener Zeit ganz andere Sorgen, als dass sie sich um die Verteidigung des Engelglaubens hätte kümmern können.

Denn die Verfolgung von „Teufelsanbetern", „Hexen" und „Ketzern" verlangte ihre ungeteilte Aufmerksamkeit in der „Heiligen Inquisition".

So gelang es konfessionell symbolisch gesehen, "Satan und seinen Dämonen", die himmlischen Engel aus dem „Rampenlicht" zu verdrängen.

Aber was sind Engel nun wirklich?

Im Nachfolgenden gilt es ihnen neue Bedeutung zu geben, die sich aus den tiefen Schichten des allumfassenden Bewusstseinsfeld – „Gott" (germ. Alles, was ist!) genannt, ergeben, sie wieder auferstehen zu lassen und zu erfahren, durch eigene Bewusstseinsarbeit!

Engel als Geistige Helfer - Boten Gottes

Engelskräfte sind Mittler zwischen Gott und den Menschen!

In den letzten Jahrzehnten wurde wieder viel über Engel geschrieben, wurden Filme gedreht, wo die „Himmlischen Helfer" ihre Dienste beim Menschen tun. Es gibt auch viele Berichte, wo die Menschen von Begegnungen mit Engeln berichten. Engel haben die Menschen schon immer fasziniert. Das große Interesse für Engel ist ein Zeichen dafür, dass immer mehr Menschen zu einer Zeit, in der wir Hilfe von „oben" bitter nötig haben, beginnen, aufmerksamer und ehrlicher gegenüber den eigenen Gefühlen und Ahnungen zu werden.

Heute fühlen sich immer mehr Menschen bereit dazu, diese, oft erahnten und gefühlten Begegnungen mit Schutzengeln, ernst zu nehmen. Trotz allen Kitsches sind die, auf vielen Produkten gegenwärtigen Engel, eine Ermunterung, das eigene Engelbewusstsein zu entwickeln. Es ist eine Ermunterung, uns diesen „Himmlischen", sprich psychischen Energien" wieder vertrauensvoll zu zuwenden, um sie um ihre Mithilfe zu bitten, für die anstehenden Aufgaben und Herausforderungen unseres Lebens, vor denen wir wohl noch stehen werden, und die wir ohne ihre Hilfe und gewollte angenehme „Zufälligkeiten" wohl kaum meistern können.

Engel stehen alle für einen „Wesenszug" Gottes, wie im diesem Buch vorab geschildet. Engel bedeutet „Bote" oder „Gesandter". Das Wort ist abgeleitet vom griechischen Begriff „Angelos".

Die Engel sind „Im Licht Gottes seiende Wesen"! –d.h.

Ein Engel ist eine objektive Information für unser Leben
Ein Engel ist weder gut noch böse: „Er ist"
Gott ist weder gut noch böse: "Er ist"
Das Licht ist weder gut noch böse: „Es ist"

Anders formuliert, sind es personifizierte psychische Energiequalitäten, die das Allumfassende, also Gott (*germ: Alles, was ist!*) den Menschen aus deinem göttlichen Inneren der Seele, auf „Anforderung zudenkt!" - als symbolische Erscheinung oder auch als konkrete Person, die in verzweifelten ausweglosen Situationen unerwartet helfen! (Psychologisch formuliert: Personifizierte Übermittler unbewusster Inhalte, die auch Resonanzen aus dem Äußern erzeugen!)

Stell dir vor du irrst verzweifelt durch die Straßen,- Job verloren, Frau hat dich verlassen - Panikattacken- hast Selbstmordabsichten - Du willst nochmal in die Kneipe "Mut" dafür antrinken - Abschied nehmen - Dort triffst du durch "Zufall"! einen ehemaligen Klassenkameraden - Der war früher immer beliebt und Mittelpunkt - immer heiter, aufrichtend - Sicherheit, Lebenslust zeichnete ihn aus. Jeder wollte um ihn herum sein - Du setzt dich zu ihm - Ihr redet- Nach 2 Stunden gehst du raus, voll mit Mut, und Zuversicht packst du dein Leben an!

Wie kommen wir nun in Kontakt mit originären Engeln als psychisches Symbol des „Allumfassenden Göttlichen?

Engel und Wunder sind die Antwort des Großen Geistes auf Ausweglosigkeiten und Zwickmühlen deines Lebens, in dem du die Übersicht verloren hast, und wenn du dann nicht mehr weiter weißt und du zum Loslassen deiner nicht mehr funktionierenden krampfhaften und begrenzten Vorstellungen über dein Leben gezwungen bist. Erst dann wird es dem allumfassenden Göttlichen erst möglich, deine akzeptierte! Sinnleere in dir durch Neues zu erfüllen.
Erst die Hingabe, unter Aufgabe des verkrampften Wollens mit seinen begrenzten Glaubensvorstellungen lässt diesen psychischen Kräften aus dem Göttlichen Raum, sich als Wunder aus den unvorstellbaren Möglichkeiten von oft ausweglosen oder kranken Lebenssituationen entfalten können.

Ganz einfach formuliert, musst du vielleicht einmal von dir selbst zurücktreten und nur beobachten. Reiche deinem Verstand dabei öfters eine beobachtende Funktion zu, und du wirst überrascht sein, welche Engelswunder in dein Leben treten können.
So muss man für die Engelunterstützung bzw. ein Wunder nicht beten bzw. es kommt nicht oder wirkt schon gar nicht, wenn man betet:

„O Herr!" befreie mich von meinen Fesseln aber lasse mein Gefängnis so wie es ist!"

Die Stille und Offenheit in dir ist aber die die Voraussetzung dafür. Wenn du so diese grundsätzliche Bereitschaft aufbringst, wirklich wundervolle Dinge der Erfüllung, des Unvorstellbaren, in dein Leben einfließen zu lassen, dann geschehen sie einfach eben auch durch Engel!

Also, lass Engelswunder geschehen, aber das wird nur dann geschehen, wenn du die Begrenzungen deiner Vorstellungen bzw. „Nicht-Vorstellungen" bereit bist, loszulassen. Es gilt, dich einfach nur im Vertrauen diesem Allumfassenden in dir zu öffnen. Dann wirst du wirklich zu einer Schale, zu einer nach oben offenen Mondsichel, die dann mit dem Licht seiner Weisheit sprich mit und durch Engelswunder erfüllt werden kann.

Zugang zu Engeln und Wundern

Mit Urteil und Skepsis sowie Glaubenshaltungen zurückhalten.
Offen sein für neue Ideen, für alles Neue, das Unvorstellbare
In jeder Situation neu entscheiden, nicht in vergangenen vorge-fassten Meinungen.
Tun! – Was im Augenblick zu tun ist - Der „Leere" Raum lassen - im Tun öfters inne halten, um dem Wunder in einer Stille die Chance zu geben, sich im Leben zu manifestieren.
So gesehen ist zum Beispiel in dem biblischen Spruch oder Mantra „Dein Wille geschehe" eine große tiefenpsychologische Wirkung enthalten. ES werden psychische Kräfte aktiviert, die verändernd und damit zeitversetzt das äußere Leben harmonisierend beeinflussen.

In der Meditation, in der Stille ist es am leichtesten mit ihnen in Kontakt zu kommen oder auch als Wunder zu erfahren.

Achtsamer Umgang mit destruktivem Denken und Handeln, ein aufbauendes Miteinander, eine allgemein harmonische emotionale Schwingung/Stimmung bzw. Leichtigkeit bewirkt und erleichtert die Möglichkeit in die Ebene der Engelserfahrungen zu kommen.

All seine Wesensbilder, seine Ideen, auch als Engel möchten mit uns in Kontakt treten und warten auf Ansprache, um zu helfen.

Laden Sie die Engel ein, wie einen guten Freund an ihrem Leben teilzunehmen.

Damit öffnen sie das Tor und die Engel beginnen aktiv an Ihrem Leben teil zu nehmen. Je mehr sie sich da für ihre Botschaften, emotionalen „Schwingungen" in der Stille öffnen, umso mehr wird die Lebenskraft, auch mit heilsamen Wirkungen, gestärkt und die Sensibilität aktiviert.

Die subtile Energie und die Wahrnehmung werden mit der Zeit so gestärkt, dass man das Licht der Engel oder sogar deren Lichterscheinung aus sich heraus wahrnehmen kann. Sie verwenden in der Kommunikation mit den Menschen Symbole, Zeichen, Sinnbilder.

Sie können die Engel bitten ihnen zu helfen oder geben Sorgen einfach an diese ab, um ihre Problem, ihre Sorgen, ihre Schmerzen leichter tragen zu können.

Was können die Engel bei uns bewirken?

Sie schenken uns Kraft und Selbstliebe. Sie helfen uns die Ruhe und den inneren Frieden zu finden. Sie helfen uns Loszulassen, nehmen uns Kummer, Sorgen und Ängste wenn wir uns Ihnen anvertrauen.

Außerdem lassen Sie uns erkennen was wir zu tun haben.

Sie stehen uns immer bei und sind immer bereit uns zu unterstützen und zu helfen. Je mehr wir lernen ihre Hilfe in unseren Alltag einzubeziehen, desto leichter werden wir mit ihrer Hilfe den Alltag meistern.
Das können große Probleme sein, die aussichtslos erscheinen, aber genauso kann man um einen Parkplatz bitten, um staufreie Autobahn, um den richtigen Partner zu finden, den richtigen Arbeitsplatz, eine neue Wohnung oder das richtige Haus.

Viele meinen, einen Engel kann man nicht für materielle Belange bitten, doch sie vergessen dabei, dass die Materie wie alles andere auch in der Schöpfung ein Ausdruck von Eigenliebe und Gottes „Wohnstatt" in uns selbst ist. Denn wer sich selbst liebt, ist in der Lage die Schönheit, Wohlstand und Reichtum zu leben und mit seinen Mitmenschen zu teilen.

Alles ist Energie-, und Materie selbst als „verdichteter Geist" ist der schöpferische Ausdruck unseres inneren Reichtums oder Mangeldenkens.

Doch Gott ist immer unbegrenzte Fülle und seine Boten sendet er uns, um diese Fülle zu erkennen und über richtige emotionale Einstellungen zu unserem Leben und Situationen in die materielle Fülle umzuwandeln, die wir für unsere Bedürfnisse und ein harmonisches Leben brauchen.

Wir sind also die Schöpfer unserer Realität!

Die Engel sind diese Kraft – sind eins mit dieser Kraft!
Finde auch Du wieder zu deinem Engelsein!
Es ist in dir!

Engel lehren uns aktives Tun und gleichzeitig Losgelöst sein vom „Tun-wollen", weg vom ausschließlichen Zieldenken und hin zu mehr „Prozessorientierung". Deswegen gilt es Träume und eigene Wünsche grundsätzlich offen zu halten, um zu erleben, über welche Situationen und Darstellungen die Engel dich zur Wunscherfüllung führen.

Innere seelische Bilder, die in aktives Tun, also in die Form bringen wollen umgesetzt werden, dann bringen Engel erst Hilfeleistung, die zur Umgestaltung der materiellen Realität des Einzelnen führen.

Die pädagogische Tätigkeit der Engel besteht vor allem darin, im Beleuchten unserer negativen, nicht bewussten dunklen Seiten (Schatten!), mit denen wir andere urteilen und werten als auch im Hinweisen auf unsere schöpferischen Themen . Dabei respektieren sie die freie Entscheidung eines jeden Menschen.

Ein Engel ist also, wie erwähnt, dabei weder gut noch böse: „Er ist" eine Botschaft und all die dich umgebenden Dinge, Situationen, sind das, was du aus ihr damit machst.

Sie fungieren als Brücke zwischen der göttlichen Idee, die sich in jedem Menschen individuell ausdrücken möchte und dem der in diesem Sinne: „Nicht ich, sondern der Vater durch mich handeln möchte".

Engel untergraben aber keine Selbständigkeit und schaffen keine Abhängigkeiten. Sie helfen nur solange es nötig ist.

Durch sie möchte das schöpferische Prinzip, der Weltengeist, das Allumfassende seinen Plan kundtun bzw. deine seelischen Anlagen zu verdeutlichen und fördern die Entdeckungslust, den Sinn eines Weges mit seinen Thematiken im Irdischen zu erfüllen.

Der Engel als „sein Bote" macht so keine Vorschriften. Er gibt Hinweise über den Sinn unserer Situation und irdischen Darstellungen und hilft uns so unsere Situationen zu durchblicken. Sie heben als Boten des Göttlichen hoch, möchten das Bewusstsein erweitern, aber machen nie Angst.

Dazu musst du ihnen die „ER"- laubnis geben, es für dich tun zu lassen, sich dafür zu öffnen, damit sie dich durch dich „Er"-füllen können, mit der Qualität die du für ein „ER"-füllendes Leben als göttliches Ebenbild brauchst!

Damit bist du nun kein Opfer oder in Leibeigenschaft in der Abhängigkeit eines begrenzten menschlichen bedürftigen Geistes oder begrenzten Gottesbildes, sondern du öffnest dich über den Engel dem Allumfassenden in Dir und was kann von einem unbegrenzten Allumfassenden nur kommen:

„Unbegrenztes"- sprich ‚Erfüllendes bzw. „Unvorstellbares", eben durch Engel oder Wunder. Es ist also eine doch sehr angenehme Facette von „Opfer sein"?

Sie verlangen wie auch Gott, nie den Büßer oder Asketen!

Der asketische, sich für den Glauben quälende Körper ist nicht erstrebenswert, sondern Offenheit für Erfahrung und bewusstseinsmäßige Erweiterung.

Sie betonen aber nicht primär den Intellekt, sondern im wörtlichen Sinne Empfindungen, wie sinnlich, gefühlvoll, freudvoll. Es geht ihnen nicht um das Abtöten der menschlichen Natur, sondern um Belebung des ganzen Menschen.

Um diesen neuen Menschen, den Engel, quasi als „Höchste Version", wieder aus dir zu gebären, darum geht es nun in Dir.

Du, als ein göttliches Wesen dem Lichte, dem Himmel, Gott dienend, wissend, dass du sein Personal, quasi auch ein Engel, als sein symbolisches Ebenbild, in körperlicher Erfahrung hier auf Erden bist. Damit wären wir wieder bei der Einheit mit Gott, deinem ‚Eins sein" - dich als ein göttlich erfülltes Wesen zu erkennen und aus diesem Bewusstsein und Einsicht dein Leben zu gestalten, aus dir heraus!

Das Symbol ist die Türe zu dir selbst!

Plötzlich ging die Tür des Symbols auf und eine strahlende Lichtgestalt trat auf den Menschen zu.
Er fragte: "Wer bist du?"
Eine Stimme aus ihr spricht;
"Wer ist hier Du?"- Du bist aus dir heraus gegangen, weil du dich selber nicht in dir gefunden hast.
Ich aber bin in dir herein gekommen, weil ich mich draußen nicht erkannt habe".
Der Mensch rief: „*Wie bist du in mich herein* gekommen?"
"Ich bin durch dich hindurch gekommen"
Was heißt das: 'Ich bin durch dich hindurch gekommen?"
"Das heißt, dass ich durch die Tür gekommen bin!"
"'Wenn du aber durch die Tür gekommen bist; - Wie kannst du dann durch mich selber kommen?"
"Indem du die Tür selber bist!"
"Dann zeig mir diese Tür" – schreit der Mensch empört.
"Die Frage aller Fragen gilt der Tür", hörte er ganz leise sagen, und das Licht blickte ihn anscheinend mit sanften Augen an:

„Sie geht immer von innen auf!"

Teil I

Heilsame Engelsrituale

(Bild: Eva Maria Shire „ shireart.de")

„Wir Engel sind das Band

Reich uns die Hand!

Die Brücke, der Bogen

zwischen unten und oben!"

(Gitta Mallasz: „Die Antwort der Engel" Daimon Verlag)

Dein Engel als GEISTFÜHRER

Beispiel 1

Aus deiner meditativen Stille heraus, siehst du dich auf einer kleinen Anhöhe stehen. Vor dir breitet sich ein wundervoller, rechteckiger Tempel mit Säulen aus. Ein breiter, von Statuen gesäumter Weg führt direkt auf das kostbare Portal zu. Du gehst langsam auf diesen Tempel, auf deinen Tempel der Reinigung, der Läuterung, der Gesundung zu. Mehrere, in lange Gewänder gehüllte Priester erwarten dich bereits. Sie haben gütige und weise Gesichter. Sie haben schon auf dich gewartet. Sie wussten, dass du kommst. Gemessenen Schrittes führen Sie dich durch eine lange Wandelhalle in einen kuppelförmigen Raum. Nur kleine Seitenfenster geben spärliches Licht. Von der Kuppelmitte fällt ein kreisrunder Lichtstrahl genau auf den Mittelpunkt einer schweren Granitplatte, den Altar in der Raumesmitte. Neben der großen Steinplatte stehen zwei große Opferschalen. Leichter Rauch windet sich daraus in die Kuppel hoch. Freundlich geleiten dich die Priester an den Altar und fordern dich auf, dich auf die große Granitplatte zu legen. Dann verabschieden sie sich.

Nun liegst du bequem ausgestreckt auf dieser Steinplatte. Der Lichtstrahl aus der Kuppelmitte trifft direkt dein Herz. Du bist erstaunt, welche Ruhe von diesem Platz ausgeht und wie du plötzlich schläfrig und schwer wirst...ganz schwer. Du kannst kaum noch die Augen offen halten und schläfst ein. Du gleitest in einen tiefen Heilschlaf hinüber und spürst, wie dich die Dunkelheit schützend empfängt und einhüllt.

Der Gott des Schlafes, Morpheus, hat dich in seine Arme genommen. Du schläfst... du schläfst so tief, dass dein Bewusstsein in eine ganz andere Dimension eingetaucht ist, die du nur in diesem Tempel erreichen kannst.

Du befindest dich nun an einem weiten, leeren Ort, mit nichts weit und breit darin, als Licht.

Es ist ein goldenes Licht, das den ganzen Raum nach jeder Richtung hin durchdringt, bis hinaus in die Unendlichkeit. Du bist ein einzelner Punkt, der aus Bewusstsein, aus Fühlen, aus Wissen besteht. Ich weiß, dass ich bin. Das ist alles.

Es ist ein sehr friedlicher und Ehrfurcht gebietender Raum, in dem du dich befindest. Du glaubst kein Bedürfnis nach einem Körper mehr zu haben. Du bist einfach ein Bewusstseinspunkt im Raum, erfüllt von Liebe und Wärme und Strahlung.

Male dir aus, wie du in diesem Licht badest, atme und fühle dich ein. Plötzlich erscheinen in der Ferne ein ähnlicher Bewusstseinspunkt oder ein Lichtwesen, als eine Quelle von berührender Strahlung, die Geborgenheit und Wärme vermittelt.

Du fühlst seine Anwesenheit, beginnst mit deinen inneren Augen diese Wesenheit mehr und mehr wahrzunehmen. Du weißt, dein persönlicher Engel ist nun da, durch seine Ausstrahlung mehr und mehr dein ganzes Wesen durchdringend.

Er vermittelt ermutigende, Ehrfurcht gebietende Gedanken, fühlst seine liebevolle Zuwendung.

Öffne nun durch deinen Atem dein Herz ganz weit und zeige damit deine Bereitschaft, seine Belehrungen als Geschenk mit offenem Herzen zu empfangen.

Du achtest auf die Bilder, Botschaften, Gefühle, und damit die Antworten, die nun vor deinem Geistigen Auge entstehen.

Welche Botschaft entsteht dabei in dir?
Redet die Erscheinung zu Dir?
Welches Gefühl/ Geschmack/ Bild/Zeichen entsteht?
Zu welchem Ort deiner Heilung führen sie dich?
Welche Botschaft kannst du daraus ziehen?

Vielleicht gibt dir dein Engel auch die völlige Gewissheit über die Sinnhaftigkeit und Aufgabe deines materiellen Seins in diesem Zustand.

Du weist nun mit absoluter Sicherheit, dass Engel existieren, hast keine Zweifel mehr. Es besteht nun keinerlei Notwendigkeit mehr für einen Akt des Glaubens; es ist nun eben so, und du akzeptierst es. Die erhabene, tiefe, machtvolle Verbundenheit überwältigt dich fast, aber schließlich lässt du sie zu.

Nun siehe eine Tür vor dir!

Mache dir klar, dass diese Tür wirklich existiert und dass sich dein Leben verändern wird, sobald du nun hindurch gehst.

Wenn du diese Tür nun öffnest, breitet sich vor dir, unterstützt durch dein weites und behutsames Atmen, eine Welt des Lichtes und der höheren Erkenntnis aus, die es dir ermöglicht, dich noch schneller weiter zu entwickeln.

Horche in dich und damit in diese Welt hinein, in dein Herz, und frage dich ob du bereit bist, von nun an mehr für dich selbst und deinen Weg zu tun, auch zum Wohle anderer. Spüre nun, wie sich das Licht über dich ergießt, dich heilt und reinigt und dir die notwendige Klarheit für deinen Weg übermittelt.

Öffne dein Leben für die neue Ebene des Lichtes in dir. Sei innerlich ganz offen und aufnahmebereit.

Lasse die Eindrücke in dich hineinströmen.

Bewerte und zensiere diese Bilder, Empfindungen und Informationen nicht, die du empfängst, lasse es einfach zu.

Sobald du jetzt deine Botschaften erhalten hast, danke deinem Lichtwesen, und gib deinem Engel das Gefühl der Wertschätzung und Anerkennung nach folgendem Dankgebet, das du nach jeder, in diesem Buch geschilderten Anrufung anwenden kannst:

Beispiel 2

Rufe nun wieder deinen Engel bzw. den Geistführer an, an, um Hilfe, Führung und Erleuchtung bzw. Durchblick für dein Leben!

Wenn du dabei ganz still sitzt, richte deine Aufmerksamkeit auf die Mitte in deiner Brust, zum Herzen.

Öffne dein Herz durch „dein Hineinatmen", über ein ganz weites und behutsames Atmen. Lasse jetzt deinen „göttlichen Funken" als ein strahlendes Licht in deinem Herzen bzw. vor deinem geistigen Auge auftauchen, aus dem deine geistige Führung auftaucht, verstärkt, durch deine Offenheit und weitem behutsamen Atmen.

Lass dich mit tiefster Offenheit und einem überwältigen Gefühl der Dankbarkeit für dieses Lichtwesen von diesem Licht tragen und atme Dir wieder zu:

"Ihr Engel - Licht ist eure Kraft, Licht sei die Wahrheit meines Seins
Eilet mir voran. Ich bin innigst mit euch verbunden.
Eilet voran meinem Weg.
Eilet voran meinem Weg des Glücks, der Harmonie, der Freude.
Öffnet mir Tür und Tor zur Erreichung meines Paradieses.
Ebnet mir meinen Weg, ihr Wesen der Liebe.
Lasst herunter segnen diese Liebe auf mich.
Löset für mich all die Schwierigkeiten auf meinem Weg und euer Friede sei mit mir.
Ich atme ein, den Frieden meines Lebens, den Frieden eurer Kraft, mich dabei zu begleiten - mich zu beschützen,
Mir etwaige Steine aus dem Weg zu räumen,
Mir den Weg zu bereiten,
Den Weg zum Reichtum meines Herzens"

Jetzt stelle dir vor, dass du deinen Geistführer aufforderst, tief in deine Psyche einzufließen, um sich mit dir zu verbinden.

Male dir aus, wie ein bzw. dein Führer sanft in deine Aura eintritt und sich dir behutsam und liebevoll nähert.

Spüre die Gegenwart deines Geistführers immer intensiver. Lass die Verbindung zwischen euch beiden immer enger werden, und bitte ihn, den Engel, dich dabei zu unterstützen. Vielleicht sind weitere kleine Veränderungen in deiner Haltung, der Position deines Kopfes und Nackens erforderlich, um den Kontakt zu intensivieren und die Energie in deinem Hinterkopf und Nacken offenzuhalten.

Stell dir vor, wie das Geistwesen ganz nah an dich heran kommt, so dass du nun in seinem oder ihrem Licht sitzt; wisse aber auch, dass deine persönliche Energie dabei unversehrt bleibt. Nun lass deinen Geistführer ganz in deine Aura eintreten. Seine Schwingung ist sehr hell, liebevoll und weise. Wahrscheinlich hast du das Gefühl, ganz von der Gegenwart eines liebevollen Wesens eingehüllt zu werden.

Es wird dir vielleicht so vorkommen, als verstärke er oder sie das Beste in dir. Dabei sollte dich ein Wohlbefinden durchströmen.

Bitte um Hilfe nach erkennbarer Verkörperung deiner Lebensthematik und allumfassender Erkenntnis für dein Leben bzw. speziellen Situationen .

Achte auch auf deine Gefühle. Oft spürst du eine Art Mitgefühl, wenn Engel zu dir kommen, denn sie sind liebevolle und damit bedingungs-lose Wesen.

Vielleicht empfindest du Ruhe und inneren Frieden, wenn dich seine Botschaften und Bilder erreichen, die dich hin zu dir zunehmend verändern werden und die Selbsterkenntnis verstärken!

Engel „wissen", dass es viel Zeit und Übung erfordert, die Verbindung zu ihnen, zu stabilisieren und zu verstärken.

Beispiel 3

Nun stelle dir aus einer tiefen Ruhe heraus vor, wie du immer höher schwebst, über deine gewöhnliche Realität hinaus und hinein, in eine höhere Dimension eines Ortes mit mehr bedingungsloser Liebe, Licht, Freiheit und Liebe.

Du befindest dich nun an einem weiten, lichterfüllten Raum, mit nichts weit und breit darin als Licht. Es ist ein goldenes Licht, das den ganzen Raum nach jeder Richtung hin durchdringt, bis hinaus in die Unendlichkeit. Du bist ein einzelner Punkt, der aus Bewusstsein, aus Fühlen, aus Wissen besteht. Ich weiß, dass ich bin. Das ist alles.

Es ist ein sehr friedlicher und Ehrfurcht gebietender Raum, in dem du dich befindest. Du glaubst kein Bedürfnis nach einem Körper mehr zu haben. Du bist einfach ein Bewusstseinspunkt im Raum, erfüllt von Liebe und Wärme und Strahlung. Male dir aus, wie du in diesem Licht badest, atme und fühle dich ein.

Plötzlich erscheint aus dem Licht ein ähnlicher Bewusstseinspunkt, eine Quelle von erhebender Strahlung und Wärme.

Du fühlst seine Anwesenheit, beginnst mit deinen inneren Augen diese Wesenheit mehr und mehr wahrzunehmen. Du weißt, dein persönlicher Engel ist nun da, durch seine Ausstrahlung mehr und mehr dein ganzes Wesen durchdringend. Er vermittelt ermutigende, kreative Gedanken und lässt liebevolle Zuwendung fühlen.

Öffne nun durch deinen Atem dein Herz ganz weit und zeige damit deine Bereitschaft, seine Belehrungen als Geschenk mit offenem Herzen zu empfangen.

Du achtest dabei auf die Bilder, Botschaften, Gefühle, die nun vor deinem Geistigen Auge entstehen.

Vielleicht gibt dir dein Engel auch die völlige Gewissheit bzw. Ahnung über die Sinnhaftigkeit und Aufgabe deines materiellen Seins in diesem Zustand.

Die erhabene, tiefe, machtvolle Liebe überwältigt dich fast, aber schließlich lässt du sie zu.

Nun siehe auch einmal eine Tür vor dir.

Mache dir klar, dass diese Tür wirklich existiert und dass sich dein Leben verändern wird, sobald du nun hindurch gehst. Wenn du diese Tür nun öffnest, breitet sich vor dir, unterstützt durch dein weites und behutsames Atmen eine Welt von höheren intuitiven Sichtweisen auf, die es dir ermöglichen dich noch schneller weiter zu entwickeln.

Horche in dich und damit in diese Welt hinein und frage dich ob du bereit bist, von nun an mehr für dich selbst und deinen Weg zu tun, auch zum Wohle anderer. Spüre nun, wie sich das Licht mit seiner tragenden Erkenntnis über dich ergießt, dich heilt und reinigt und dir die notwendige Klarheit für deinen Weg übermittelt.

Öffne so dein Leben für die neue Ebene des Lichtes in dir. Sei innerlich ganz offen und aufnahmebereit. Lasse die dabei aufsteigenden „Eindrücke" in dich hineinströmen.

Bewerte und zensiere diese Bilder, Empfindungen und Informationen nicht, die du empfängst. Lasse es einfach zu.

Sobald du jetzt deine Botschaften erhalten hast, danke allen Lichtwesen, und gib ihnen und deinem Engel das Gefühl der Wertschätzung und Anerkennung nach folgendem Dankgebet, das du nach jeder, in diesem Buch öfters geschilderten Anrufung anwenden kannst:

„Licht ist die Liebe- Licht ist die Kraft,
Licht ist die Wahrheit meines Seins
Ihr Engel, Boten des Lichtes, eilet mir voran.
Liebe Wesen des Lichtes, ich liebe euch
Liebe Wesen des Lichtes, ich umarme euch.
Ich bin innigst mit euch verbunden.

Engelssymbole

Einige der vorzubereitenden Übungen in der Ausübung von „Magie" (Praktische Arbeit mit innerpsychischen Kräften) umfassen die Errichtung eines inneren Tempels bzw. die Verwendung von magischen Werkzeugen und Farben.

Der „astrale Tempel", als inneres fokussiertes Zentrum, der durch die eigene Imagination errichtet wird, ist im Grunde genommen viel wichtiger als der materielle, äußere Tempel.

Die symbolischen Entsprechungen der, im weiteren benutzten Kraftsymbole/ Werkzeuge sind mit den Kräften der allumfassenden Psyche verbunden. Grundsätzlich sind ihre Symbole bzw. Farben sozusagen emotionale Signalverstärker bzw. Gefäße für psychische Energien

Deshalb musst du dir den Tempel, die entsprechenden Werkzeuge oder was immer sonst du dir wünschen magst, vorstellen.

Aufgrund der unterschiedlichen Wirkung von Farben auf die menschliche Psyche und die Umgebung, sollten für die verschiedenen Wünsche jeweils andersfarbige Kerzen verwendet werden.

Diese Farben und ihre Schwingungen sind auch eng mit der Evokation von Engelskräften verbunden. Jede Farbe im Spektrum ist mit den astrologischen Zeichen des Tierkreises und ihren beherrschenden Planeten und auch Engelsenergien verbunden.

Untenstehend habe ich die Hauptfarben, die für die Kerzenmagie verwendet werden, zusammen mit ihren Bedeutungen und den Einflüssen auf jedes psychologische Zeichen, aufgeführt. Symbole sind psychische Bildkräfte, gekleidet in entsprechende Farben, sind sie antreibende, die Wirklichkeit und den Charakter des Einzelnen verwandelnde Kräfte.

Weiß

repräsentiert Reinheit, Spiritualität und Frieden. In einigen Kulturen ist es die Farbe von Tod und Trauer.

Rot

steht symbolisch für Gesundheit, Stärke, sexuelle Potenz, Mut und das männliche Prinzip in der Natur.

Rosa

wird mit romantischer Liebe, Zuneigung und Freundschaft assoziiert.

Grün

entspricht Überfluss, Fruchtbarkeit, Hoffnung und Harmonie.

Gelb

ist die Farbe des Intellekts, der Kräfte der kreativen Vorstellungskraft, des Gedächtnisses, der Kommunikation und der geistigen Beweglichkeit.

Blau

ist die Farbe der Heilung, Wahrheit, Inspiration, und wirkt sich positiv auf die Psyche aus; Sie ist die Farbe des intuitiven Verständnisses, des stabilen Gesundheitszustandes und des weiblichen Prinzips der Natur (Geschehen lassen können –Prozessorientierung –Geduld)

Violett

symbolisiert psychische Fähigkeiten in hochentwickelter Form, Idealismus und spirituelle Kraft.

Gold

zieht und bindet belastende Emotionen und steht für Gerechtigkeit und gute Karrierechancen.

Silber

steht für hellseherische Fähigkeiten, außerdem für die Fähigkeiten eines weit zurückreichenden Erinnerungsvermögens, auch an vergangene Leben.

Braun

Erdung - d.h. Fähigkeit zur Gestaltung und Umsetzung in die irdische Form.

Magische Werkzeuge

Erzengel Raphael: Symbol: „Das Schwert"

Von allen vier Werkzeugen ist dies das einzige, das in der Natur keine direkte Entsprechung hat, will man es nicht mit einem gezackten Stein oder ähnlichem vergleichen. Das Schwert, ursprünglich ein Bogen ist ein offensichtliches Attribut der Luft. Die Qualität des Schwertes liegt darin, dass es durch Hindernisse hindurch schneiden kann, ebenso wie Verstand und Logik viele Probleme «durchschneiden» und durch eine Ent-„scheid"-ung lösen können.

Erzengel Michael: Symbol „Der Stab"

Kann beides sein, ein Wanderstab, der dem Reisenden hilft und eine defensive oder offensive Waffe. Die frühen Vorformen vom Stab waren Stöcke oder feuergehärtete Speere. Sie standen in Verbindung zum Feuer, entweder als Schürhaken oder als Scheite und symbolisieren Enthusiasmus und Begeisterung.

Erzengel Gabriel Symbol „Der Kelch"

Neben der Verbindung zum heiligen Gral, auf die wir später eingehen werden, ist der Kelch ursprünglich der große Kessel gewesen, der den Stamm ernährte und die Stammesmitglieder lehrte, soziale Wesen zu werden.
Das Leben des Stammes kam symbolhaft aus diesem Kessel, wie die Früchte der Liebe aus dem weiblichen Schoß.

Erzengel Uriel: Symbol: „Schild, Münze oder Fünfeck"

war ein Stück festen Materials, das dazu benutzt wurde, die Erde aufzuritzen wie eine Vorform eines Spatens oder Pflugs. um Samen in die Erde zu setzen. Dies war der Schutz des Stammes gegen Hungersnöte. Beide repräsentieren Dauer, Schutz und die Erde, materielle Dinge selbst.

Übersicht über die magischen „Werkzeuge"

Stäbe Feuer	Persönliches Wachstum. Geist. Eingebungen. Kreativität. Einweihung. Enthusiasmus. Begierde. Leidenschaft. Intuitive Erkenntnis. Handlungen. Bewegung. Optimismus.
Kelche Wasser	Gefühle und Emotionen. Unbewußtes. Phantasie. Gespür. Medialität. Träume. Bildliche Vorstellungsgabe. Innere Vorgänge. Beziehungen. Empfänglichkeit. Reflexionen.
Schwerter Luft	Gedanken. Kämpfe. Konflikte. Entscheidungen. Wissen und Schlauheit. Analyse. Diskussion. Kommunikation. Geistige Vorgänge. Schärfe. Kritik. Pessimismus.
Münzen Erde	Ergebnisse. Tatsachen. Sinneswahrnehmung. Sicherheit. Verankerung. Innere Ruhe. Verwirklichung. Fähigkeiten. Geschicklichkeit. Belohnungen für erbrachte Leistungen. Früchte der Arbeit. Tradition. Das Physische und Materielle.

Schwert	**Stab**	**Kelch**	**Schild** (Münze)
Raphael	Michael	Gabriel	Uriel
Osten	Süden	Westen	Norden
Morgen	Mittag	Abend	Nacht
Frühling	Sommer	Herbst	Winter
Leben	Licht	Liebe	Lernen
Luft	Feuer	Wasser	Erde
Wassermann	Löwe	Skorpion	Stier
Mensch	Löwe	Adler	Stier

Der Mensch, der auf der geistigen, visualisierenden Ebene arbeitet, also mit psychischen Energien, wird „Magier" genannt. Je mehr der „Magisch-Meditierende" mit diesen inneren Bildern arbeitet, desto größer wird der Druck und die Kraft, die sich hinter einem einzelnen Symbol, wie die magischen Waffen es sind, sammelt und in Resonanz mit der angerufenen Engelsenergie geht.
(z.B. Kerzen entsprechender Farbe oder beschriebene Symbole bei der Erzengelanrufung verwenden)

Die Kombination von Gedanke, Wort, Gefühl und Bild und Tat haben immer die größte Wirkung!

Wenn der „Magier", *(der über innere Bilder arbeitet)*, einen Stab in seiner Vorstellung sowie auch real „hoch" hält, so ist das für sein Unbewusstes ein Signal, all die vielen Engelsqualitäten, die mit dem Stab verbunden sind, freizusetzen und in die Psyche des Magiers (heute „Mentalist" genannt!) als Bildbotschaften strömen zu lassen.

Die Kräfte der Erzengel, die bei den Riten der Kerzenmagie zur Unterstützung angerufen werden können, sind untenstehend aufgelistet, zusammen mit ihren Eigenschaften, die seelisch antreibende Kräfte genannt werden.

Kleines Einführungsbeispiel:

Mit ausgestreckten Armen stellst du dich zum Beispiel in einem Kreis oder Pentagramm stehend vor. Dann sagst du:

„Vor mir Raphael, hinter mir Gabriel, zu meiner Rechten Michael, zu meiner Linken Uriel. Ich stehe in einem Zylinder aus göttlichem Licht."

Wenn der Name des entsprechenden Erzengels fällt, stell dir das Gefühl von Luft, Wasser, Feuer und Erde vor. Stell es dir so lebhaft vor, wie möglich, und verweile in ihrem Element, wenn ihr Name fällt.

Verwende dabei die Form eines Altares, auf dem entsprechende Symbole, die in diesem Buch nachfolgend platziert und damit sichtbar aktiviert sind.

Oder:

> - Ich rufe euch an, ihr vier Erzengel der Himmelsrichtungen.
>   *(Erhobene Hände als Zeichen der Offenheit und Bereitschaft!)*
>
>   **Raphael**, Erzengel des Ostens, führe mich mit deiner Weisheit
>   *(Gelbe Kerze anzünden)*
>
> - **Michael**, Erzengel des Südens führe und beschütze mich mit deiner Kraft
>   *(Rote Kerze anzünden)*
>
> - **Gabriel**, Erzengel des Westens führe mich und befreie mich von allen belastenden Energien
>   *(Silberne Kerze anzünden)*
>
> - **Uriel**, Erzengel des Nordens, führe mich in der materiellen Gestaltung meines Lebens
>   *(Braune Kerze anzünden)*

(Siehe dargestelltes Bild einer möglichen Ritualscheibe auf Seite 36!)

Es gibt hier keine Eile! Psychische Kräfte lassen sich durch Druck, durch angestrengtes Wollen nicht zwingen.

Schließlich vollende das Ritual, indem du dich mit dem Symbol der Offenheit, den geöffneten Händen, in deiner Vorstellung und durch die Visualisation das entsprechende Symbol (*bei z.B. bei Raphael das Schwert*) zeichnest, die die mit den entsprechenden Engeln korrespondieren bzw. die in die Anrufung als ein ganzheitliches Bild einfließen sollten.

Praktische Engelsimagination

Um erkennen zu können, welche Kräfte unser Denken, Fühlen und Handeln primär bestimmen, eignet sich in besonderer Weise Engelsmeditationen, deren Themen sein können:

Krankheit, Lebenseinstellung, Selbstvertrauen, Liebe, Freiheit, Verantwortlichkeit, d.h. alle Existenzthemen, die ein erfüllendes Leben ermöglichen bzw. bestimmen. Um den methodischen Verlauf dieser Imaginationsform zu zeigen, nehme ich als Beispiel das Thema „Selbstvertrauen".

Natürlich wäre es dienlich, sich vor einer Arbeit mit Engeln auch mal ein wenig mit Traumsymbollilteratur oder Imaginationstherapien (*Vgl. Äppli- „Imagination und Symboldeutung"*! - Knaur) beschäftigen, da die personifizierten Engelsimagination viel über die „internationale" Sprache von Symbolen arbeiten, die meditativ aus dem Inneren entstehen!

Wende dich also immer erst nach einer Entspannungsphase ins Innere gehend unter Anrufung von „magischen Symbolen", wie oben im Buch geschildert, deinem Engel zu – bzw. lass spontan sein Bild vor deinem geistigen Auge erscheinen. Lass dir Zeit, zensiere das spontan auftauchende Bild mit seiner Person über den Verstand nicht!

Wichtig ist auch, den Klienten die heilbringenden Bilder spüren zu lassen, sich ein zu fühlen, da diese Gefühle mit ihren aufbauenden Stimmungen ja den Glauben stärken und das heilbringende „Wesentliche" sind!

Anwendung in kurz zusammengefassten stichwortartigen Beispielen:

1. Ein depressiver Klient schildert sein Problem:

„Nun ist es so, dass ich seit ca. 2010 einen kontinuierlichen beruf-lichen Niedergang erlebt habe und ich mit finanziellen Mitteln etwas haushalten muss!

Ich tappe daher noch etwas im Dunkeln, was ich da falsch mache oder ob es nur ein Übergang- eine Transformation in eine neue Zeit ist mit neuen Herausforderungen???

Ich kann mich bewerben wie ich will, ich bekomme auch keine Anstellung - nicht mal bei „MC Donald"!

Therapeut:

Ok! – Lass dir ein geschildertes magisches Engelsymbol zeigen, vor deinem geistigen Auge – Welcher Engel bzw. Engelsenergie möchte mit dir über Kontakt aufnehmen oder wähle aus den geschilderten Kartensymbolen z.B. der vier Erzengelstrigonen (Vgl. Seite 73 ff)

z.B. Kelch, Schwert, Stab oder Münze! – oder Kerzenfarbe!

Wähle dir ein z.B. magisches Engelssymbol –Lass es dir schenken:

Klient: Das Schwert!

Therapeut: Aha – Sieht aus, als wäre es Erzengel Raphael!

Er hält das Schwert, in welcher Gestalt?

Klient: Als „Eremit"

Na dann spielen wir das Spiel weiter:

Ist der Eremit alleine, oder sind noch andere Personen bei ihm?

Ist der Eremit alleine, oder sind noch andere Personen bei ihm?

Klient: Nein!

Therapeut: Was macht der Eremit:

Klient:

Eremit ist alleine - Geht in Keller durch einen dunklen Gang -Betritt Kellerraum mit einem Fenster -Davor uralte Druckermaschine- ER zeigt nun dauernd auf einen alten Schreibtisch mit Stellspiegel mit vielen Unterlagen/ Zetteln – Ich soll lesen, erkenne aber wirklich nichts! - Er zeigt laufend schweigend auf Schreibtisch.

Therapeut: Und weiter –Was taucht spontan auf?

Dann war es mir so, als ginge es ins Weltall - Sah unter mir die blaue Erde. Irgendwie sah ich etwas bei mir etwas Metallisches, wie ein Raumschiff.

Von dort sah ich, wie sich eine Rakete löste, wegflog und sich dann in zwei Hälften teilte. Daraus wurden zwei bunte gespitzte Bleistifte, die lustige „Smileygesichter" hatten und mich dann unentwegt ohne Worte angrinsten!!!

Therapeut:

Ja genau! - Versetze dich in das „Weltallgefühl" hinein - „atme" die dabei empfundene Weite ein, lass sie wirken und was kommt dir in dabei in den Sinn!

Klient:

Grenzenlos -Weite -Über den Dingen stehend - Keine Kleinlichkeiten, in diese verfranst - Allumfassend im Verständnis Liebe zur Erde! – keine Angst - Reinhard May: „Über den Wolken muss die Freiheit wohl grenzenlos sein" – kommt mir in den Sinn!

Therapeut:

Jetzt gehst du wieder zu deinem Eremiten und fragst ihn, was er davon hält. Lass die Gedanken ohne Zensur zu!

Klient:

War schwierig, das erste sofort zu filtern:

Ich meine, es war: Für mich da sein! - Dann kamen die Worte:
Licht - Liebe und Eifersucht!

Therapeut:

Sehr gut und jetzt: Was kommt von ihm zum Weltraumerlebnis?

Klient:

Mir kommt vor, als solle ich etwas schreiben was an Wissen in mir liegt und was fruchtbar ist! - Etwas was überblicksmäßig sehr weit, wie das Weltall ist - eine fruchtbare Wahrheit? - Sektflasche gleich Frucht!

Therapeut: Was meint der Eremit dazu?

Klient:

Es für mich tun? Einsam im Weltall - weil kein Druck - So fühle ich mich auch und es auf die Erde bringen und lehren - Kam mir so vor!

„Jetzt weiter"!

„Dann klappen die beiden Raketenbleistifthälften wieder zusammen und daraus entsteht so etwas wie eine Flasche Sektapfelwein, weil oben eine metallische Verpackungskappe und ein Etikett, so etwas wie ein Apfel oder Pfirsich, zu sehen sind.

Ich betrachte und drehe die Flasche über der schönen blauen Erde im Weltraum unschlüssig, ob ich zurück will, denn es ist so schön alles zu betrachten! - Ich schwebe!"

Therapeut: Ok! – Sieht ja alles im Ergebnis recht positiv aus:

1. Vertraue Dir und deinen Impulsen (Rakete- Stifte!)
2. Du kannst NICHTS falsch machen!
3. Du kannst nicht tiefer fallen als in Gottes Hände!
   (Weltall – Geborgenheit im Allumfassenden!)
4. Alles ist gut und der Sekt – die Früchte deines Lebens- sind da, bzw. weitere werden kommen!)

Die Auflösung, auch über die klassische Tarot Karte "Der Eremit":

"Die Begegnung mit meinem Schatten ist jetzt für dich ein Durchgang zu dem Licht deines „Ich bin die Klarheit meines Seins"

Denn: Keller, dunkler Gang, sprich Begegnung mit deinem Schatten (unerlöste Themen!) Schreibtisch mit Spiegel = Spiegelung für dich- Zettel, die du nicht lesen kannst = Konfrontation mit deinen unbewussten Ängsten => Keine mehr da? Weltall = unbegrenzte Freiheit, Licht und Liebe, fruchtbares Wissen in dir = Dein göttliches Sein in dir!

So, jetzt brauchst du "nur mehr" diese Überzeugung in dir festigen. Du bist toll, du bist wundervoll, das musst du dir immer vor Augen halten. Und wenn andere Leute das nicht sehen können, dann sind sie selbst schuld. Oder sie sind mit ihren Problemen so verstrickt, dass sie keine Kapazität haben, das zu erkennen. Also tu's für dich, was zu tun ist, das Ergebnis überlasse dem Allumfassenden, das dich führt!

So und jetzt hast du ja keinen Druck mehr, weil du weisst, dass dir nichts passieren kann, und du erkannt hast und fühlst, dass das göttliche Licht in dir jetzt bewusst ist.

„Vertraue!" - ist die Botschaft - In deiner Offenheit wirst du geführt"!

2. Kontakt mit Erzengel Michael – „Der Hüter des Feuers"

Ein Klient, mit permanenten depressiven Versagensängsten, wählte aus den magischen Werkzeugen den „Stab" (Michael!)

Beim Betrachten des Stabes vor seinem geistigen Auge, sah er sich mit dem „Wanderstab" durch die Weite einer Wüste wandern, geradewegs auf eine Pyramide zu. Sandgelb ragt sie in den klaren, blauen Himmel empor. Eine goldgelbe Sonne strahlt dabei vom Himmel und begleitet deinen Weg.

Am Fuß der mächtigen Pyramide angelangt, betrachtete er sie von unten und begann dann, sie Stufe für Stufe hinauf zu klettern. Immer höher stieg er die gewaltige Pyramide hinauf.

Schließlich war er auf der Pyramidenspitze angelangt, die eine Vertiefung aufwies, in der er fest und sicher stehen konnte.

Nach der gefühlten Anstrengung des Aufstiegs atmete er tief durch.

Gleichzeitig spürte er, wie er oben, wie er oben auf dieser Spitze von der Kraft der Sonne durchstrahlt wurde, die nun genau über ihm im Zenit stand!

Im selben Moment verspürte er einen mächtigen Kraftstrom auf seinen Scheitel hinabfließen. Das Sonnenlicht durchflutete ihn, wie flüssiges Gold, leuchtend und seidig.

Er genoss, wie ihn die sonnige, pure Lebenskraft warm durchströmte, während er noch dabei das das Symbol Michaels - den Stab - empor hob!

Er genoss den wunderbar klaren, leuchtenden Zustand seines Bewusstseins.

Mehr und mehr fühlte er sich befreit, leicht und heiter. Eine Sphäre der Frische durchwehte ihn.

Mit jedem bewussten Atemzug atmete er die grenzenlose Weite und Freiheit. Nun eröffnete sich ihm die Sphäre golden funkelnder Freude.

Ein warmes, sonniges Leuchten strömte in ihn ein. Er befand sich in der Sonne, im Zentrum von „goldener göttlicher Liebe" und darin eingehüllt!

Er beschrieb mit meiner Hilfe dieses Lebensgefühl mit folgenden Worten:

„Mehr und mehr kehrten dabei bei mehrfachem Üben zuhause mein Lebensmut und eine nie gekannte Woge von Begeisterung in mir zurück.

Ich bin die Kraft, ich bin die unbegrenzte Kraft,
mein unbegrenzter Glaube!
Ich bin die Göttlichkeit in mir!

Es loderte durch meinen ganzen Körper, durch meine Situationen und äußeren Begrenzungen und all das, was mit meinem Leben mit „Dunkelheit" verbunden war. Ich fühlte ganz stark, wie alles „Gebundene" in mir befreit wurde, mit allem, was mich emotional belastete und hemmte!

Die Anrufung der Erzengel

Effektive Kontakte mit den Engeln erreichen wir durch den einzelnen Engeln zugeschriebenen Symbolen, die leicht in eine Phantasiereise gekleidet werden können. Durch diese magische Arbeit mit diesen mentalen „Verdichtungen" auf der geistigen Ebene, die durch eine konstante Visualisierung entstehen, lässt sich ein Kontakt gut aufbauen.

Symbolvisualisierungen dienen als Kommunikationskanäle zu entsprechenden Engelskräften, die sie verkörpern. Indem sie mit deren speziellen psychischen Energien verbunden sind, fungieren sie gleichzeitig als Transformationsleiter, die ihre Bildkräfte für den Verstand und über das Gefühl erfahrbar zu machen.

Dazu gehen wir wieder in unseren inneren Tempel und zeichnen dort einen fünfzackigen Stern (Symbol des Menschen!). Dabei stellt die Spitze Süden dar, dem Erzengel Michael dar, der gut in Resonanz mit der Farbe „Rot" und dem Symbol des Stabes geht. Dann erfolgt eine Drehung in die jeweilige nachfolgend genannte Richtung, wo wir wieder den entsprechenden Engel, über das zugehörige Symbol anrufen.

Stelle dich in oder über ein auf den Boden gezeichnetes Pentagramm (Symbol des Menschen) oder in einen „augenscheinlichen" Kreis (Symbol hier für deine „Körper- Geist- Seele" - Ganzheit)

In einem Mediationskreis, wo Teilnehmer im Kreis für eine Engelsanrufung sitzen, eignet sich besonders gut eine „Anrufungsscheibe, wie sie der Autor in deinen Meditationsveranstaltungen verwendet, in die Mitte gestellt werden, die jene magischen Werkzeuge für die „Engelsanrufung" verwendet. Die runde Scheibe („Rund" ist ein Symbol für die „Ganzheit" von Seele- Geist und Körper) wird dann noch ergänzt z.B. durch die spezifischen Kerzenfarben, die an die jeweiligen Spitzen des Pentagramms aufgestellt werden können:

Alternative aus den nachfolgenden Bildern – Zusammenfassung S. 73:

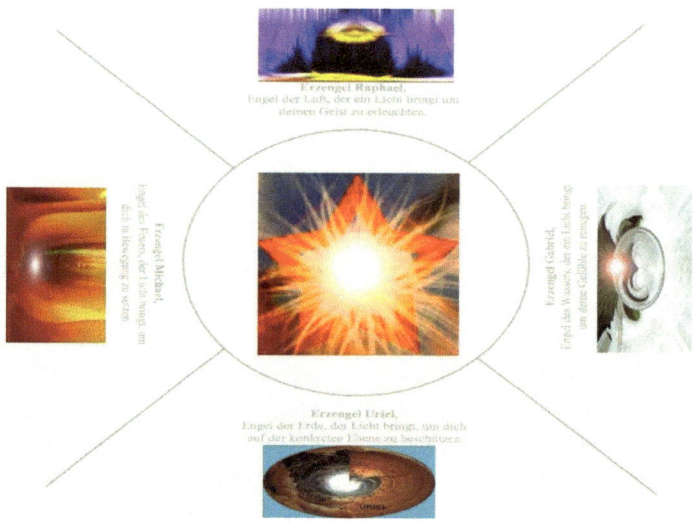

Gruppenkontakt mit den Erzengeln

Über die Engelsscheibe (z.B. hier aus Gips) mit ihren geschilderten Resonanzsymbolen kann man sehr gut mit den wichtigsten beschriebenen Schutzengeln bzw. mit Engelskräften in Kontakt kommen!
(Es muss aber keine Symbolscheibe aus Gips sein, sondern eine große Kopie bzw. andersartige persönliche Gestaltung ist genauso dienlich!)

Ein solches Anrufungsritual dafür kann sowohl für sich selbst bzw. auch in oder für eine einer Mediationsgruppe angewandt bzw. durchgeführt werden!

Lass uns ein solches Ritual einmal für eine Mediationsgruppe schildern, die sich und um die Engelsscheibe mit ihren entsprechenden entzündeten Kerzenfarben für die Erzengel gruppieren und sich dabei an den Händen fassen.

Ein Meditationsleiter führt dazu eine längere Entspannungsatemübung durch, und weist darauf hin, dass alle sorgfältig auf das Atmen aller anderen anwesenden Teilnehmer achten, sie sich so aufeinander einstimmen sollen, so lange, bis alle zusammen rhythmisch ein- und ausatmen als eine Einheit und ein Atem, sich auf die wachsende Einheit, das „Einssein" zu richten, das die Gruppe zusammenwachsen lässt, und wie aus diesem Gefühl der gemeinsamen Schwingung quasi ein kraftvoller energetischer „Gruppengeist" langsam Nahrung bekommt.

Es geht darum, dass die Teilnehmer jetzt in der Lage sind, sich zu einem kollektiven Bewusstsein zu vereinen, um mit dieser kraftvollen kollektiven Energie, über die Engelsscheibe, mit den vier Schutzengeln in der Mitte, mit ihren Kräften tiefgründig in Kontakt zu kommen!

All das sollte sich jeder Gruppenteilnehmer bewusst machen, denn das ist außerordentlich wichtig. Leise meditative, fließende Musik unterstützt diesen Prozess dieser Gruppenresonanz besonders.

Sobald die Übung der Einstimmung weiter fortgeschritten ist, lässt der Leiter jetzt rhythmisch laut vor und nachsprechen:

„Wir sind hier- Wir sind gewahr- Wir sind bereit
Wir sind gesammelt- Wir sind stark- Wir sind offen!
Wir werden jetzt eins - werden jetzt eins.
Ein Geist, ein Geist, ein Geist, Ein Göttliches Selbst .
Eine Einheit, eine Einheit, ein Wesen.
Eine Ganzheit, eine Ganzheit, ein Bewusstsein.
Eine immer tiefer werdende Einheit.
Ein immer tiefer werdendes gemeinsames Bewusstsein.
Wir werden eins – sind nun ein Geist - Ein Geist!

Sobald die Übung der Einstimmung fortgeschritten ist, schauen alle konzentriert auf die Engelscheibe mit den entsprechenden brennenden Kerzenfarben und lassen diese auf sich wirken:

Welches Symbol auf der Aufstellungsscheibe spricht dich sofort bzw. zieht dich an – Welche Assoziationen oder Bilder tauchen durch es auf - Welche Botschaft bzw. Gefühle werden übermittelt?

Jetzt lässt der Leiter rhythmisch Folgendes mehrmals laut vor und nachsprechen. Dabei ist es hilfreich, die Namen der Erzengel wieder möglichst lebhaft mit dem jeweiligen Element – Farbe - Symbol visualisieren zu lassen:

„Vor mir Raphael, hinter mir Gabriel, zu meiner Rechten Michael, zu meiner Linken Uriel".
Ich rufe euch an, Ihr vier Erzengel der Himmelsrichtungen:
Raphael. Erzengel des Ostens, führe uns mit deiner Weisheit
Michael, Erzengel des Südens - führe und beschütze uns mit deiner Kraft
Gabriel, Erzengel des Westens- führe uns und befreie uns von allen alle belastenden Energien und Blockaden
Uriel, Erzengel des Nordens führe uns in der materiellen Gestaltung unseres Lebens!"

Alle breiten dann die Arme (bzw. ein Klient!) als Zeichen der Offenheit aus.

So startet man dann die Hilfe seines Engels:

"Allumfassendes" im Zusammenwirken mit meinem Schutzengel! Hier und jetzt bin ich bereit, deine vollkommene Fülle, die Du für mich bereit gestellt hast, zu empfangen!"

Jeder Einzelne kann jetzt aus dem Inneren weiter registrieren bzw. spüren , welcher Engel über die Symbole auf der „Aufstellungsscheibe", als Person oder über einen inneren „Film" ganz speziell für sich, mit ihm in Verbindung treten möchte über Bilder, Gefühle und Symbole, die an die Oberfläche seines Tagesbewusstseins drängen! (Vgl. Beispiele „Engelstrigone" Seite 64!)

Dann schließen alle wieder die Augen und lauschen in ihr Inneres!

Welche Botschaft entsteht dabei in dir? Redet die Erscheinung zu Dir? Welches Gefühl/ Geschmack/ Bild/Zeichen entsteht? Zu welchem Ort deiner Heilung führen sie dich? Welche Botschaft kannst du daraus ziehen?

Vielleicht gibt dir dein Engel bzw. der Gruppenengel auch die völlige Gewissheit über die Sinnhaftigkeit und Aufgabe deines materiellen Seins in diesem Zustand.

Durch ein tiefes Einlassen auf die inneren Botschaften können wir so – auch täglich- mit dem eigenen Engel bzw. Gruppenengeln Kontakt aufnehmen. Wir können ihm/ihnen Fragen stellen und bekommen Zugang zu Informationen und zu Wahrnehmungen aus unserem Inneren, die berühren und heilsame Wirkungen erzeugen!

Dies kann auch in wundersamer Weise, wie in originären Familienaufstellungen geschehen, als auch am Tisch mit dem Systembrett!

Aufstellungsarbeit mit den Erzengeln!

„Wie innen so Außen!" – heißt es schon in den uralten „Hermetischen Gesetzen" von Hermes Trismegistos (ca. 3000 v.Chr.).

Das stellt auch die Quantenphysik fest:

„Du bist niemals getrennt von dem, was du erfährst. Du selbst bist Beobachter und Beobachtetes, d.h. Du erlebst, was du tief in dir innerlich glaubst".

Geistig gesehen ist also das, was du innerlich für wahr hältst, entweder wahr oder wird wahr, wobei du selbst die Grenzen deiner Erfahrung festlegst.

Wir sehen und bekommen immer das, was wir mit unseren Empfindungseinstellungen glauben!

Das Äußere ist immer die Projektionsfläche unserer inneren Einstellungen!

A. Die Grundlage als therapeutische Kurzbeschreibung:
Die Hermetische Aufstellungsform von Autor
Vgl. - Moderne Geistheilung –BOD 2011!

Sie besorgen sich einige –zig Teile (um die 20 Stück) von beweglichen Legofiguren, aber keine Playmobilfiguren, da nur genormte Fröhlichkeit. *(In ebay ohne Probleme erhältlich!)*

Wichtig dabei ist, dass die erworbenen beweglichen Figuren differenzierte Gesichtsausdrucksformen mit unterschiedlichsten Gefühlsregungen aufweisen.

Figuren aus den unterschiedlichsten Lebensbereichen, wie Weltall, Fantasie, Abenteuerfiguren gibt es genug. Die Mischung der Lebensbereiche ist für die Hermetischen Aufstellung - bzw. Assoziations- und Projektionsarbeit für seelische Inhalte kein Problem. Diese Teile geben sie in ein größeres Kästchen und stellen sie beim Setting bereit.

Im Gespräch klären wir nun wie gehabt mit dem Klienten persönliche Themen, wie im Vorfeld von (verdeckten~) Familienaufstellungen ab und entscheiden zunächst miteinander, welche Anteile, Aspekte, Projekte, Personen, Eigenschaften „aufgestellt" werden sollten. Damit ist oder wird das gemeinsame psychische Projektionsfeld erzeugt.

Der definierte Raum (z.B. ein DIN A4 Blatt –System - Schachbrett) eines geeigneten Gesprächstisches ist der „Aufstellungsraum".

Jetzt wählt nun der Klient durch Zufall oder bewusste Wahl aus dem Kasten eine Legofigur, die ihn selbst repräsentiert.

Der Therapeut lässt den Klienten nun beschreiben, wie sich diese Figur fühlt, was sie tun möchte usw.

Dann wird sie in der Mitte des Tischraumes, eines Spielbrettes oder Din A4 Blattes als Aufstellungsraum mit dem Gesicht zum Klienten postiert.

Jetzt nimmt der Aufstellende den Legokasten selbst zur Hand und greift nach vorheriger innerer mentaler Festlegung der zu stellenden Person, Eigenschaft usw., bzw. durch zufälliges tastendes, intuitives Hineingreifen und ohne Hinzusehen eine Figur, die er dem Klienten bewusst mit Blickkontakt in die Hand gibt, ohne mitzuteilen um welche Person es sich handelt. Damit ist auch eine eigene subjektive „Symphatiewahl" ausgeschaltet (*Verdeckte Aufstellung*)!

Jetzt lässt er den Klienten wie oben geschildert die Befindlichkeiten der gewählten Figur beschreiben, auch in Bezug auf diesen selbst.
Der Klient ist es auch, der den „zufällig" ausgewählten Figuren den Platz auf dem Tisch zuordnet und die Beziehungen in emotionaler und sachlicher Art beschreibt.

Nur der Therapeut weiß also, welche Figuren für „Was oder Wen" stellvertretend stehen!

Fragetechniken und Vorgehensweisen können wie bei anderen Familienaufstellungen durchgeführt werden, mit dem Unterschied, dass der Klient die aufgestellten Personen nicht kennt. (Verdeckte Aufstellung!)

Wichtiger Hinweis:

Natürlich ist ein Therapeut/Leiter auch hier gehalten, das notwendige theoretische psychologische Hintergrundwissen, besonders über systemisches Arbeiten vorher erworben bzw. sich damit beschäftigt zu haben.

Durch die Anordnung der einzelnen Elemente/Personen im Raum entsteht (gemäß dem inneren Bild des Klienten) entsteht nun in verblüffender Weise ein kraftvolles, dynamisches psychisches Energiefeld durch sie innerseelische Projektion auf die Figuren.

In den einzelnen Positionen treten die unterschiedlichsten Wahrnehmungen und (verdeckten) Beziehungen zu Tage, die wie bei der aufwendigeren Originalfamilienaufstellung wirken.

Bei dieser Form der Aufstellung wählt der Therapeut selbst also aus einer Auswahl von Spielfiguren, als Repräsentanten für besprochene Themen und Personen, die den Klienten betreffen und lässt sie den Klienten in die räumliche Beziehung auf dem Tisch zueinander stellen.

Über den beschränkten wertenden Verstand wird hier nicht gearbeitet, sondern das Unbewusste Feld der Klienten/ Therapeutendiade wird alles gesteuert.

Der Therapeut notiert die Aufstellung, sowie das Gesagte, für den Klienten verdeckt, also nicht einsehbar mit.

Dabei macht der Klient unmittelbar die differenzierten emotionalen Erfahrungen, dass er, sobald er die ihm zugewiesenen Bausteine in der Hand betrachtet und auch wenn sie an ihrem Platz stehen, erfühlt wie sonst bei der herkömmlichen Aufstellung, die Personen, der Therapeut, die sie normal vertreten.

Das geschieht, ohne dass der Klient die gestellten Legofiguren/ Personen kennt. Dadurch kommen ebenfalls verborgene Beziehungen zu einem anderen Mitglied der Familie ans Licht, aber der Klient ist unmittelbarer involviert.

Es zeigt sich also tatsächlich dass der Klient bei der Hermetischen Aufstellung nicht nur äußerlich oder an der Oberfläche mit den Figuren in Bereiche hinein taucht, in denen eine, sie alle gemeinsam steuernde Kraft erfahrbar wird.

Den Klienten lässt der Therapeut durch die Legorepräsentanten unter seiner Anleitung ihre Wahrnehmungen und Gefühle mitteilen und treten in Austausch miteinander über das gestellte System.

Die Assoziationsarbeit ist verblüffend treffsicher, meist von tiefen Gefühlen begleitet und macht Klienten je nach vorhandener Sensibilität tief betroffen und lässt Aussöhnung mit sich selbst direkt zu.

Erst dann, nach dem die besprochenen Figuren gestellt sind, teile ich dem Klienten mit, welche gezogene Legofigur welche Person, Glaubensmuster, Inhalte vertritt und beginne mit der therapeutischen Lösungsarbeit.

Im Folgenden können für die Figuren und den Aufstellenden vorteilhaftere Positionen im familiären System gesucht werden.

Hierbei wird er durch mein Nachfragen hinsichtlich ihrer Befindlichkeit reflektiert und sanft geführt.

Nach Notwendigkeit kann man als Therapeut jetzt im Nachhinein selbst wie oben geschildert ergänzende Themen, Muster oder Aspekte einführen, die nach Ansicht des Autors über die besprochene Aufstellungspalette hinausreichen, aber erst jetzt „wichtig" für das System des Klienten werden, oder auch als „unwesentlich" wieder aus dem System entfernt werden können, da keine emotionale Reaktion auslösend.

Der Klient durchlebt also hier unmittelbar eine ganze Palette seiner eigenen unterschiedlichsten befindlichen Muster, bis er durch Umstellen und über die, von der Familienaufstellung bekannten Ablösungsrituale seine „heilsame Wirkung" gefunden hat.

Er muss sich mit seinem inneren Schattenanteilen, sprich unbewussten Teilen zusammensetzen.

Nachdem das Legosystem zu einer neuen heilsamen Ordnung gefunden hat, kann der Klient sich auf dieses neue Bild einlassen und „einatmen" d.h. es wirken lassen.

Dies ist eine ganzheitliche Erfahrung und wirkt auf vielen Ebenen gleichzeitig. Häufig sind wie schon geschildert lösende Sätze notwendig, die sowohl der Orientierung im System dienen, als auch Zustimmung und damit Neuorientierung unterstützen.

Mit der „Hermetischen Aufstellung" gewinnen Sie zusammen mit dem emotional betroffenen Klienten schnelle, präzise und überraschende Einsichten in die Strukturdynamik und die Entwicklungsmöglichkeiten eines Systems. Völlig neue Perspektiven oder Lösungen für schwierige Entscheidungs - Problem- und Zielfindungsthemen im privaten wie beruflichen Bereich, sind so auch außerhalb des rein therapeutischen Kontextes *(Beratung, Coaching, Supervision)* höchst wirksam anwendbar.

Es ist verblüffend was bei dieser Art des Arbeitens alles sichtbar wird und unmittelbarer durch den Klienten selbst bearbeitet und gelöst werden kann. Problematiken, körperliche Symptome, übernommene Muster, tief verborgene Glaubenssätze, Anhaftungen, können so durch unmittelbare Arbeit des Klienten an sich selbst erkannt, losgelassen und in ein emotional stimmiges Lösungsbild verwandelt werden.

Die gebundene Energie kann wieder frei fließen und wir beginnen immer mehr das „Eigene" zu leben, indem man sich auf die förderliche Energie tief einatmend einlässt.

Aussöhnung, Ausgleich und sogar heilsame Wirkungen können im Klienten stattfinden und ein eigener guter Platz im System gefunden werden, der sich schon am Beratungstisch gut anfühlt.

Bei Entscheidungsfindungen wird klarer, was am meisten Energie und Bezug zu der fragenden Person hat und auch was getan werden kann, damit die Umsetzung leichter fällt.

Die Aufstellungen mit den Legofiguren sind so unmittelbarer, kommen mehr aus dem Klienten, zeitlich und örtlich, jederzeit durchführbar.

B: Das Aufstellungsgespräch mit den Erzengeln

Nimm dir nun aus den vorhergehenden Erläuterungen speziell die Zeit für ein Gespräch für einen der wichtigsten vier Erzengel, deren Kraft immer über die Elemente Feuer, Luft, Wasser, Erde in dir wirkt und in Harmonie gelebt werden wollen.

- Geh auf allgemeine Resonanz mit diesen Erzengeln oder formuliere für dich ein zu klärendes Thema!

- Sie repräsentieren die vier seelischen Grundkräfte in deinem göttlichen Wesen, die nach Ausgleich und Harmonie streben, was sich im Außen ja dann dementsprechend in deinen Lebenssituationen widerspiegelt!

- Kopiere bzw. experimentiere z.b. auch mit der Engelsscheibe des Autors mit den entsprechenden Karten der Engelsbildersymbole! (Laminieren sieht dabei besser aus!) bzw. nimm dein „Systembrett")

- Nimm jetzt deine Legosammlung!

Konzentriere dich nach einander auf die entsprechenden Engelssymbole und ziehe nacheinander durch „Zufall", die dementsprechenden Figuren von Raphael, Michael, Gabriel, Uriel, die dann deine
Erzengelenergien repräsentieren.

Die gestellten Figuren auf dem Feld repräsentieren bzw. spiegeln die
projizierten Engelsenergien aus dem Inneren.

- Stelle sie auf den dementsprechenden dem jeweiligen Erzengel zuge-
  hörenden Engelsquadranten auf der Scheibe bzw. Systembrett mit
  seinen zugehörigen Symbolen.

- Ziehe zu guter Letzt oder zuerst noch eine Figur für dich und stelle sie
  in die Mitte!

Fühle dich nun in die Erzengelenergien mit ihren Botschaften ein.
Dazu kannst du sie auch in die Hand nehmen um sich darin einzufühlen!

- Wie geht's deinen Engeln?
-
- Welche Botschaft bringen sie dir?
-
- Welche Gefühle lösen sie in dir aus?
-
- Welcher der Erzengel ist zum Beispiel ist freundlich, wütend oder
  ärgerlich etc. auf dich und fordert besonders Beachtung seiner Ener-
  gien, die auch wichtig für dein weiteres Leben sind!
-
- Welche emotionale Einstellung in dir gilt es zu ändern oder mehr
  integrieren!

- Welcher Engel zieht dich am meisten an bzw. übt eine magische Anziehungskraft aus?

- Welcher Engel ist zufrieden und zeigt dir durch eine freundliche Gefühleinstellung, dass du seine Energien genügend beachtest?

- Zuguterletzt, ziehe deine „Seele" bzw. „Innere Weisheit"!

Was teilt sie dir mit?

und dann lass diese dich zu einer speziellen Erzengelenergie stellen, mit der du, wie beschrieben besonders arbeiten sollst!

Da können wundersame Wirkungen entstehen!

Natürlich kann eine Erzengelaufstellung auch mit originären Personenr, wie bei einer Familienaufstellung durchgeführt werden. Sehr wirkungsvoll dabei ist es dann die offensichtlich heilende bzw. unterstützende Engelsenergie hinter sich zu stellen und die entstehende Wirkung „einzuatmen" d.h. auf sich wirken zu lassen!

Wir sind alle Engel

Deine Seele, als die höchste Version von dir ist dein Engel – sprich deine „Innere Weisheit" und jeder Mensch, als ihr verdichteter geistiger Ausdruck - in einer „Form" - ist dabei im Grunde auch ein „Engel"!

Wir sind im Grunde bloß etwas zu tief in die Materie, sprich in unser selbst erschaffenes energetisches Hologramm eingetaucht, sind um sich polar in allen Schattierungen erfahren zu können!

Das kann ein Engel nicht! – Wie neidisch die doch auf uns sein müssen. Immer nur Harfe zupfen und Halleluja singen. Er ist ja nur eine bestimmte festlegte Energie, quasi eine Melodie im gleichen Takt, Rhythmus, Lautstärke so zu sagen.

Im Prinzip ist das eine Existenz,   ein Leben, wie eine Suppe ohne Salz

Aber wir als „gefallene", sprich in die Materie „herabgestiegene" Engel können unsere Melodie verzerrt, von hinten oder vorne, schräg, schrill, arrhythmisch,   sprich in eine ungeheuren gegensätzlichen Gefühlspalette spielend, erleben und erfahren und auch ein bisschen Angst und Unsicherheit kann dabei ja bleiben.

Wo bliebe da sonst der Reiz eines Mensch geworden seins, wenn du als ein vorheriger Engel nicht mehr unsicher bist, aber nur deine Melodie spielen könntest, ohne mal auch eine Variation oder andere ausprobieren zu können.

Entdecke nun ganz praktisch einmal dein „Seelenlicht" – bzw. innere Weisheit - nicht nur über eine Symbolmeditation, sondern kombiniere diese doch mal effektiv über die bekannte bzw. geschilderte Familienaufstellung, ohne die Legofiguren:

Hier spielt nun wieder das Wort „psychisches Symbol" wieder eine große Rolle! – was heißt:

Ein geeignetes umfassendes Symbol, das angewendet wird, verbindet immer mit deiner Seele und deren angelegten übergreifenden Sinnthemen und Absichten und lässt sie über eine Offenheit als „Fließgleichgewichte" in dein Leben harmonisierend hineinfließen!

Jetzt der Clou:

Mach doch mal oft eine Familienaufstellung mit dir und deiner dir „unbewussten Weisheit" indem du mit ihr Kontakt aufnimmst, über das umfassendste psychische, im Menschen angelegte Ganzheitssymbol des „Lichtes", das in allen Kulturen von ihren Mystikern immer als das „Erhellende" beschworen wird.

Praktisch:

Besorge dir ein gefälliges Bild eines „Lichtes" und nimm dann mal zwei Stühle.

Du setzt dich dann auf den einen Stuhl und stellst nach eigenem Ermessen den anderen Stuhl bewusst als deine „Innere Weisheit" in den Raum und legst sichtbar dein gewähltes Lichtbild darauf, mit den inneren, sich wiederholenden Worten: „Das ist jetzt meine „Innere Weisheit" und betrachte dabei von deinem Stuhl aus, den „Lichtbildstuhl" eine kleine Weile!

Lass das Symbol des Lichtes auf dich wirken und atme es bewusst ein!

Dann stehst du auf und setzt dich bewusst auf den Stuhl deiner „Inneren Weisheit" und sagst zu dir:

„ICH BIN" jetzt die Klarheit und die Wahrheit meines Seins"!

Flüstere dies dann ganz bewusst und absichtslos immer wieder über deine inneren Worte.

Du bist dann verbunden – „EINS"! Dann lausche in dich hinein!

Schau nun was es mit dir macht, welche erhebenden Bilder und Gefühle, Assoziationen dabei, auch über deine Fragen auftauchen. Lasse sie zu und atme sie ein und sei dabei gewiss, selbst wenn du anfangs vielleicht nicht viel wahrnimmst:

Es verändert dich hin zu dir. Es werden danach erfüllende „Zufällig-keiten" in dein Leben eintreten, die du nicht für möglich gehalten hättest und du verstehst dann: „Dein Wille geschehe"

Mach es immer wieder, lass dir ein paar Minuten Zeit bevor du wieder „austrittst" bedankst und sei dann offen!

(Bild: Eva Maria Shire „shireart.de")

Teil II - Intensivierung

Heilsame Zahlen- und Symbolarbeit

für eine wirksame Zusammenarbeit mit den wichtigsten Schutzengeln aus dem kabbalistischen pentalogischen Lebensbaum!

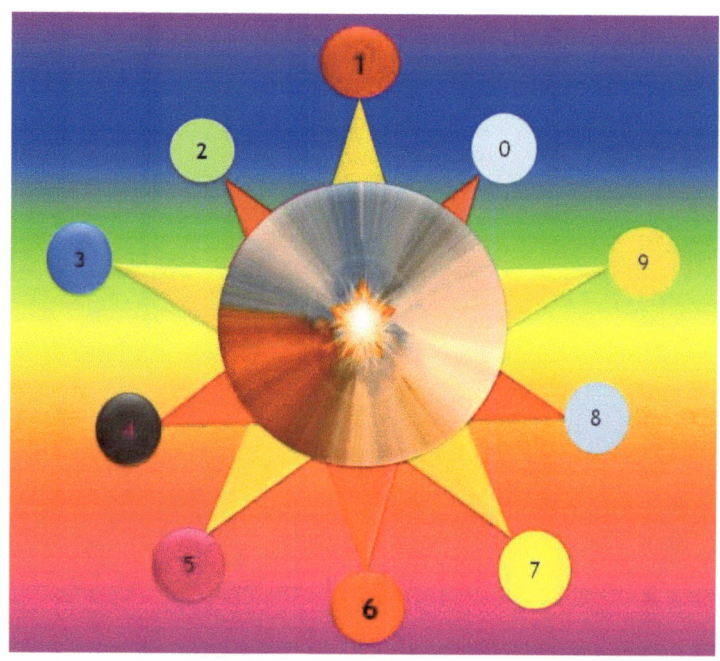

„Es müssen den Zahlen große und
erhabene Kräfte innewohnen.
Und alles, was ist und was sein wird,
existiert durch bestimmte Zahlen
und erhält davon Kraft"
(Agrippa von Nettesheim)

Engelssymbole und Innere Bilder

Symbole, Zahlen und innere Bilder sind Auffangschalen für die seelischen Antriebskräfte zur Gestaltung des Lebens, die sich mit antreibender gefühlsmäßiger sinnhafter Kraft darstellen und erfahren möchten. Sie haben Mittlerfunktion zwischen der inneren und äußeren Welt. Ihre inneren Bilder zeigen uns auch die Ursachen, die uns an unserer Entfaltung bzw. Gesundheit hindern. Sie treiben uns an, gestalten und versöhnen, lösen blockierende krank machende Muster und erzeugen durch innere Bewusstseinsveränderungen erfüllende Resonanzen bzw. Rückmeldungen aus der Umwelt!

Sie begeistern für den Geist, der das Leben gestalten und erfahren will! Ein Körper, der zu wenig bewegt und gefordert wird, erschlafft und wird krank.

Ein Geist, der zu wenig bewegt wird und sinnlos dahintreibt, wird lustlos, initiativlos, frustriert und macht Körper und Psyche krank. Er will sich immer auf Werte und Ziele bzw. Einstellungen ausrichten, für die er im Lebensnetz im Sinne der seelischen Anlagen und Möglichkeiten lebendig sein will.

Er gibt „Hohen „Mut" - d.h. nicht nur in der Reaktion auf innerer und äußere Bedrängnis zu sein, sondern auch vorausschauend agieren zu können. Er fördert die Fähigkeit, sich durch Angst hindurch zu glauben, sich so zu entfalten, dass man sich gegen einengende Lebensumstände und krankmachendes Leben wappnen kann. Mit dem eigenem erkannten Sinn und seinen gefühlsmäßig aufbauenden Bildern vor Augen, für die man leben und sich begeistern kann, erfährt man sich kraftvoll, schöpferisch und gesund. Je mehr du dich selbst findest, desto mehr glaubst du wirklich an dich.

Die gefühlsintensiven Bilder aus der Seele helfen Dir!

Die Kabbala

Astrologie, Kabbala und Tarot, vielgerühmt in der Esoterik, gelten als zwei Säulen derselben, obwohl sie aufgrund ihrer engen Verflechtung nur eine darstellen.

Das Wort „Kabbala", auch „Quabalah", soll so viel wie „mündliche Überlieferung" bedeuten. Ob sie wirklich die älteste Quelle spirituellen Wissens darstellt, muss offen bleiben. Über ihre Herkunft weiß niemand etwas Genaues, und es dürfte auch unwesentlich sein, ob sie indischen, ägyptischen oder chaldäischen Ursprungs ist.

Den alten antiken Völkern jedenfalls, scheint das Verdienst zuzukommen, astrologische bzw. kabbalistische Lehren gesammelt und überliefert zu haben. Sie wussten schon seit Urzeiten um die Symbolkräfte der Zahlen und Zeichen, als erfahrbaren Ausdruck psychischer Kräfte.

Nach Joachim Winckelmann, einem Kenner der Kabbala, ist in der Kabbala eine Emanationslehre, d.h. die Lehre, wie Gott erscheint und wirkt! *(J. Winkelmann: „ABC der Geheimwissenschaften", Berlin 1956)*

Sie kennt die mystischen Kräfte der Buchstaben und Zahlenzeichen und darüber hinaus auch der Töne, Farben, Planeten, Metalle.

Sie lehrt psychisch-physisch wirkende Kräfte wie die indischen Yogis und enthüllt die geheimen Kräfte der Pflanzen, Steine und Planeten wie die Astrologen Chaldäas und die Alchemisten Europas.

Die Kabbala wird in den theoretischen und den praktischen Teil untergliedert. Schriftlich niedergelegt ist nur der theoretische; ob in vollem Umfang, ist wie gesagt fraglich.

Das Studium der Kabbala umfasst zwei Richtungen. Die eine heißt „Bereschit" und findet sich im „Buch Jezirah" und bezieht sich auf die Schöpfung und ihre Gesetze.

Die andere wird „**Merkaba**" genannt, hat den „Sohar" zur Grundlage („Buch des Glanzes"); gilt als esoterische Ergänzung zum biblischen Schöpfungsbericht) und erstreckt sich auf das Wesen Gottes und die Arten seiner Offenbarungen.

Im Sohar, einem erst im Mittelalter schriftlich niedergelegten Werk, gipfelt die kabbalistische Seelen- und Schöpfungslehre in zehn göttlichen Schöpfungsprinzipien, die man „Sephiroth" oder in der modernen Psychologie „Archetypen" nennt.

Diese Sephirot bzw. Wesensglieder/~körner bzw. Früchte in diesem Buch werden unter Beziehung auf Astrologie und Jung`scher Psychologie heute auch „**Archelogos**" genannt. Der Kabbala zufolge entwickelt das Unendliche - das „Ur" - durch Konzentration auf seine eigene geistige Substanz, über sein Seelenbild den „himmlischen" Urmenschen „Adam Kadmon", dessen es sich bedient, um gleichsam herabsteigend, sich in der Materie zu offenbaren.

Die zehn Sephiroth, als Urkräfte der Seele bzw. des eigenen Lebensbaumes, entsprechen und symbolisieren zugleich kosmische Zahlen und Planetensymboliken, die als personifizierte Logoi oder Engelskräfte die Schöpfungsprinzipien des Universums im Menschen repräsentieren. Gleichzeitig aber werden sie als stufenweises Hervorgehen alles Unvollkommenen aus der Vollkommenheit gedacht, wobei diese Kräfte in ihrer Gesamtheit formgebend den „Adam Kadmon", den Menschen, bilden.

Kabbalistisch formuliert, könnte man sagen:

Die Urkräfte der Seele treten aus ihrer Verborgenheit, werden zur Lebenskraft und offenbaren sich in unterschiedlichen Themen, Eigenschaften, Anlagen und Möglichkeiten im Menschen oder anders formuliert: Dieser göttliche Ideenkreis äußert sich in den zehn wirkenden Kräften, die allem Geschaffenen zugrunde liegen.

Es sind quasi „Seelenatome" mit spezifischen Gefühlsinhalten als treibende Kraft. Diese „Archetypen" (Urbilder) sind so treibende Strukturelemente der Seele.

Sie besitzen Selbstständigkeit und spezifische psychische Energie-qualitäten, welche die ihnen passenden Themen und Inhalte, des aus ihnen geformten Bewusstseins aus dem Äußeren „anzuziehen" vermögen bzw. mit ihnen in „Resonanz" gehen.

Diese „Urbilder" bilden sozusagen die „Spitzen" (Früchte!) des „kabbalistischen Lebensbaumes", bzw. des bzw. eines Pentagramms (auch keltischer „Drudenfuß" genannt. Das Pentagramm selbst war also schon immer das Zeichen bzw. das psychische Urbild des Menschen – als das Symbol des bedürftigen, an der Welt orientierten (*Spitze unten"*) oder geistig strebenden Menschen (*Spitze oben!*).
Zu alleroberst steht aber immer der Grundsatz:

„Alles, was existiert ist eine Anschauungsform des Göttlichen"

Umgekehrt werden nun bestimmte Bild- oder Farb- bzw. Zahlengrup-pierungen von außen gezielt angewandt, um ganz bestimmte, ihnen entsprechende psychische Kräfte zu aktivieren bzw. zu wecken.

Jedes symbolträchtige Zeichen entspricht einem „hieroglyphischen" Zeichen, einer Idee, Zahl, Buchstabe, aus dem kreativen Potential des Weltengeistes, die bei richtiger Handhabung schöpferische Energien anzutriggern vermögen. Es ist keine Sache eines Biocomputers, mit seinem Hirn, das vordergründige Verkehrsschilder aus vorhandenen Fakten begründet. Es ist ein Bild, das sich das raumzeitgebundene Bewusstsein von etwas Unfassbarem macht. Es ist eine Brücke zum allumfassenden Weltengeist, der über das Hirn wirkt. Es ist das Unvorstellbare, mit dem Auge des Bewusstseins gesehen. Diese Symbole tragen mächtige Antriebs- und Transformationskräfte, die persönlichkeits- und schicksalsverändernd in Richtung größerer Authentizität wirken wollen – d.h. sie sind „Numinos"!

Zahlen überhaupt sind von ganz eigener Bedeutung, auch gerade in der Bibel. Es gibt eine regelrechte magische Zahlensymbolik. Die geheimnisvoll religiöse Deutung und psychische Wirkung von Zahlen, über ihren wirklichen Rechenwert hinaus, geht auf die früheste Zeit zurück und begegnet uns bereits in den Naturreligionen.

Die Zahl als Maß der Dinge, als Maß für Wohlstand und damit auch für Wohlergehen. Die Zahl und ihre Kombinationen, als Maßstab von Raum und Zeit hat damit auch gleichzeitig Anteil an der mystisch-religiösen Bedeutung dieser Dimensionen.

Ja, sie wird dann sogar, genauso wie Farben, Bilder und Töne zum eigentlichen Ausdruck der mystisch-religiösen Dimension von Raum und Zeit im allumfassenden göttlichen Bewusstseinsfeld, mit einer individuellen psychischen Bewusstseinsqualität, die, durch die Beschäftigung und Konzentration auf diese, zur Wirkung kommt!

Schon der babylonische Kulturkreis hat da erkannt, dass eben die Zahlen göttlichen Ursprungs seien. Hier wurde auch ein regelrechtes System der Deutung von Zahlen entwickelt.

Vom Zweistromland aus wurden dann alle übrigen alten Kulturen und Religionen in Indien, Persien, Griechenland bis hin nach Alt-Israel beeinflusst. Und vermittelt durch das AT und dann das NT dringt die Zahlensymbolik dann auch in den christlichen Kulturkreis ein. Die Zahlensymbolik, die wir im Alten Testament vielfach vorfinden, ist dementsprechend auch nicht nur originär alttestamentlich, sondern muss im größeren Zusammenhang der Antike gesehen werden.

Dies mag als Andeutung über den vielfältigen Bedeutungsgehalt einzelner Zahlen und Zahlenkombinationen an dieser Stelle genügen und mag besonders als seriöse Grundlagen für das vorliegende Buch angesehen werden!
(Der bekannte Mathematiker Frederick Meyer sagte einmal, dass alles in der Wissenschaft vom Menschen gemacht sei, die Zahlen seien aber von Gott selbst geschaffen!) *

In der modernen Psychologie sprechen wir heute auch gleichbedeutend von „Archetypischen Kräften" aus der Seele, die in uns wirken und die durch eben diese Zahlen- und Planetensymbole sowie als Engelskräfte symbolisiert werden.

Diese sind darin nicht nur beliebig austauschbare Ziffern, sondern fundamentale psychische Ordnungsfaktoren bzw. Bedeutungsträger.

Dieses Buch versucht nun, die recht schwierige philosophische Materie der jüdischen Zahlenkabbala, auch in geometrischer Verknüpfung, auf eine einfachere Weise und logisch nachvollziehbar anhand der grundlegenden „Schutzengelenergien" zu erzählen und in seinen praktischen Wirkungen zu erläutern. (Vgl. pers. „mag" – Spiegel - Arbeit über das Bewusstsein!) *

Du erinnerst dich: Wie kommst du grundsätzlich in Kontakt mit Symbolen bzw. hier den Engelskräften?

Wir öffnen einfach unseren Geist und erlauben, der gewählten oder gezogenen (Engels~) Symbolform, unser gesamtes Bewusstsein zu erfüllen bzw. atmen es dabei quasi ein!

Dies ist nicht jene Art von Konzentration, zu der man Anstrengung und Aufwand braucht. Unter deiner Hingabe über den weiten Atem und in der Stille geht das Bewusstsein ganz von selbst zu der Form hin, nährt sich von ihr, hineinschauend, sich erfüllend.

Es erfüllt dann mit seiner ureigenen vermittelnden Kraft. Wir fühlen uns dann still und sind zutiefst bewusst. Vielleicht brauchen wir eine gewisse gesammelte Konzentration, die aber keine Anstrengung sein sollte, um die Tore zu den tief unbewussten Engelskräften zu ermöglichen.

Wir müssen leer sein, offen mit weitem Atem, um zu empfangen. Vor allem sollten wir uns während der Übermittlung nicht mit Gefühlen des Schmerzes oder Zwangs belasten, die in leicht in Krisen leicht auftreten können.

Mache die Engelssymbole zum Brennpunkt deines Bewusstseins. Fühle dich ein, das ist genug. Halte deinen Geist leer und deine Aufmerksamkeit auf die Engelssymbole gerichtet.

So erlaubst du deinem Geist, in die Trigonlinien und Farben der Engelssymbole zuerst anschauend und dann vor deinem geistigen Auge einzutauchen, um zur Erkenntnis und in Kontakt mit ihrer Kraft zu kommen.

Halte einfach deine Aufmerksamkeit auf die (dein!) Engelssymbole gerichtet, ruhig und gelöst, und vermeide jede Anstrengung. Während so das Engelssymbol über die Meditation dann in die Tiefe eindringt, bleibe ruhig und gleichmütig.

Erlaube dem, was gefühls- oder bildhaft zur Oberfläche steigt, durch dich zu fließen und vielleicht als Film zu agieren. Höre zu und atme seine Botschaft erfühlend ein. Es wird in dein Leben hinein wirken und seltsame Wunder und erfüllende Veränderungen entstehen dann!

Wenn Du Dich findest, findest Du Gott in Dir!
Wenn Du dich erschaffst,
erschaffst Du deine Welt durch Gott!

Seelische Symbole kann man nicht erfinden!

Sie existieren konfessionell und kulturübergreifend in jedem Menschen. In Träumen bzw. Meditations- und Imaginationstechniken werden sie z.b. über Bilder und/oder über Symbolgestalten spontan hervorgebracht und tragen eine mächtige Antriebs- und Transformationskraft, die persönlichkeits- und lebensverändernd in Richtung Authentizität wirken – d.h. sie sind numinos! – „Sammelbecken" für psychische Gefühlsenergien, die dem Menschen für seine Selbsterkenntnis und Heilwerdung darüber zufließen und eben erfüllende Resonanzen aus dem Äußeren erzeugen!

Wenn man Symbole aus dem Inneren also nicht beachtet, bzw. nicht annimmt und ignoriert, dann ist es so, dass man achtlos an einer Tür zur eigenen Lebendigkeit vorübergeht!

Man versperrt sich selbst seine inneren seelischen Räume und damit seine Anlagen und Möglichkeiten für die Gestaltung seines sinnvollen Lebens verkennend!

*(Vgl. dazu "Die Mathematik und das Göttliche" Autor Clifford A. Pickover, Spektrum akademischer Verlag; Karl Hermann Schelke, Art.: Gematria, in: LThK (1960) IV/642; Johann Michel, Art.: Apokalyptische Zahl, in: LThK (1957) I/707, sowie das im Matrix-Verlag erschienene Buch "Das Geheimnis der heiligen Zahlen" und das im Spektrum akademischer Verlag erschienene Buch "Die Mathematik und das Göttliche").

Grundgedanken für die Geistheilungssymbole

Wenn nun vorgenannte Elemente und die Grundlagen der Symbolheilung berücksichtigt werden, so ergibt es zusammen z.B. mit der gängigen symboltherapeutischen Heilungspraxis des Autors, eine potenzierte ergänzende heilsame Form der „KABBALISTISCHEN Zahlensymbolheilung, in Verbindung mit dem allumfassenden Bewusstseinsfeld „Gott" genannt.

Diese Methode kann die Harmonie in einem System besonders fokussiert und schneller wieder herstellen, die durch Krankheit, problembeladene Situationen oder Personen gestört ist, weil sie durch die kraftvollen Kabbala- bzw. Lebensbaumsymbole noch effektiver unterstützt werden. Zahlen und Zahlenkombinationen besitzen eben darin nicht nur einen quantitativen, sondern auch einen qualitativen Wert, eine Information.

(Vgl: Axel Englert: „Kabbalistische Quantenheilung" bzw. „Moderne Geistheilung mit „Bild und Zahl" - BoD Verlag)

Dies kann über den sogenannten Dreieckszusammenhang geschehen.

In der Psychosomatik gibt es einen Dreieckszusammenhang, der sich folgendermaßen formulieren lässt:

Das psychosomatische Dreieck:

„Körper/ Geist/ Seele"

bilden in der Harmonie, in „gesundem" Zustand ein:

„Gleichseitiges Dreieck".

Dabei ist definitionsgemäß:

Seele:

Dein göttliches „Traumbild", wie das „Göttliche" genannt, dich „einge-„Bild"et hat, mit den innewohnenden Archelogos, den Früchten und deren innewohnenden Kräften, am haltgebenden Symbol des „Lebensbaumes".

Körper: Das sinnliche Erfahrungsinstrument der Seele.

Geist bzw. Gemüt – die Psyche:

Alle Stimmungen, Affekte, Empfindungseinstellungen, als oft fremdgeprägte Programmierungen, innerlich gefühlte ungelösten Konflikte, die du in dir gespeichert hast.

Zeichnung:

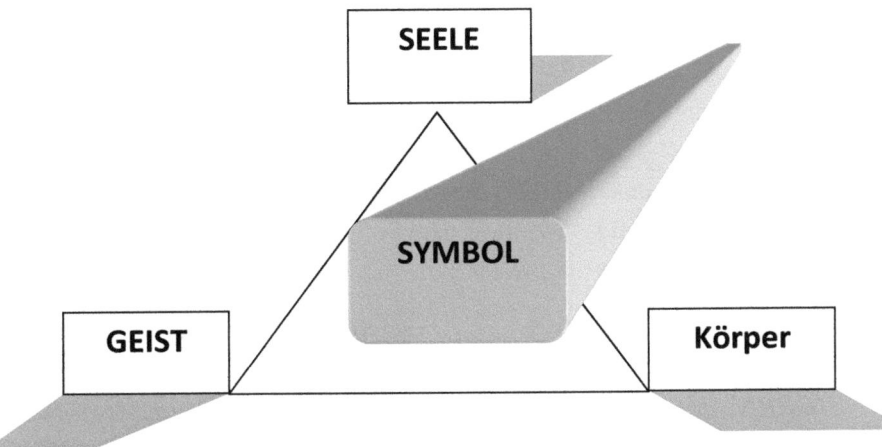

Wird diese Harmonie gestört treten Symbole als Erkenntnisaufforderung auf:, wie (schlechte) Träume, Konflikte, ständig problembeladene Symbole, Krankheit, Katastrophen, blockierte Situationen, Stagnationen, die nur blockierende Muster und emotionale belastende Situationen im Inneren „spiegeln".

Diese können wir, wie oben nach dem geschilderten „Hermetischen Grundsatz" „Wie „Innen, so Außen" beschreiben und würdigen die Aussage des großen Mystikers Jesus:

„Wo zwei oder drei in meinem Namen zusammen sind, bin ich mitten unter euch!" (Matthäus Kap. 18-20)

Nun ist es möglich, ähnlich einer Symbolimaginationstherapie, auch mit der praktischer Zahlenmystik anzuknüpfen und mit folgendem Grundsatz arbeiten:

Wenn man ein psychisches Ursymbol ins System einbringt, dann wirkt das Symbol auf das gesamte System zurück!

Krankheit hat hierbei Symbol- Signalfunktion und Symbolcharakter, dass etwas aus der (göttlichen~) Ordnung gefallen ist. Jede Krankheit ist also wie ein Warnlämpchen in einem Auto und manifestiert sich dort, wo eine Fähigkeit oder Anlage nicht wirklichkeitsadäquat gelebt werden kann.

Eine interessante Parallele finden wir dazu im Alten Testament im Buch „Moses". Hier lässt Moses, wegen eines kollektiven Sündenfalls der Israeliten, das Symbol der Schlange weithin sichtbar im Lager aufrichten. Wer das Symbol der Schlange daraufhin ansah, wurde wieder gesund* (Vgl. Seite 90!)

„Da kamen sie zu Moses und sprachen: Wir haben gesündigt, dass wir wider den HERRN und wider dich geredet haben. Bitte den HERRN, dass er die Schlangen von uns nehme. Und Mose bat für das Volk. Da sprach der HERR zu Mose: Mache dir eine eherne (metallene) Schlange und richte sie an einer Stange hoch auf. Wer gebissen ist und sieht sie an, der soll leben. Da machte Mose eine eherne Schlange und richtete sie hoch auf. Und wenn jemanden eine Schlange biss, so sah er die eherne Schlange an und blieb leben." (Bibel, 4. Buch des Moses, Kapitel 21, Verse 4 bis 9)

Bezogen auf die moderne Geistheilung heißt dies:

Die hier benutzten Kombinationen von „Zahlen und Geometrie-symbolen", erzeugen heilsame Wirkungen, gezielt gezogen z.B. auf die Fragen:

- „Was heilt mein System?

- Was bringt es ins Gleichgewicht mit dem entsprechenden Symbol?

- „Welches Symbol muss ich „aufrichten" bzw. anschauen, um „Heil" zu werden?

* Vgl. Caduceus – Heilstab der Medizin!

Die Engelstrigone

(Drachenfiguren)

Kurze Erläuterung:

Dreiecke bilden immer mit ihrer Spitze eine Synthese von polaren Gegensätzen (linienverbundene Stand- bzw. Bedeutungspunkte), die zu einem neuen polaren Fließgleichgewicht aus den Gegensätzlichkeiten einer Ebene führen, wobei „Trigone" bzw. sich ergänzende Dreiecke weitere harmonischere Aspektierungen sind, welche letztendlich immer die Geistpolebene (hier „1") mit den Kraftpolebene „6" fließend und sinnvoll ergänzen. Es kommt also zu geistig-materiellen Umsetzungen von Ideen.

Sie vereinen mit ihren Zahlensymbolkombinationen geistige Sinnthemen, die letztendlich zu erkennbaren handlungsfähigen Umsetzungen, mit ihren Einsichten, bis hinunter in die symbolische („6") führen, durch den Bezug zum Geistpol „1", der die psychologischen Ebenen berührend, intensiviert.

Hier steht die Kombination "2-0" für die Intuition (Feuer) – „3-9" für den Verstand (Luft) – „4-8" (Wasser) für das Gefühl und „5-7" (Erde) der formgebende materielle Ausdruck.

Die geistige Willensabsicht („Ich BIN") der Seele, als individuelles göttliches „Bildwerk" („1") durchläuft so nacheinander alle Elementekombinationen, um so sinngemäß, nach den zugeordneten Zahlensymbolen, die Elemente eines ganzheitlichen Bewusstseins zu wecken bzw. zu durchdringen und körperlich („6") auszudrücken.

Die Verbindung zwischen dem Geistpol „1" und Erdpol „6" - als sogenannte „1-6" Achse - bringt es also „auf den Punkt"!

Ein psychisches geometrisches oder Zahlensymbol selbst ist also kein bloßes Zeichen, das immer regel- oder moralorientiert ist. Es ist eine Brücke zum „Jenseits" d.h. zur unendlichen Kraft des psychischen Meeres dem Unbewussten, das die „Seele" hervorbringt. Es ist das gekleidete Unvorstellbare mit dem Auge des Bewusstseins gesehen.

Bis in die geheimsten Tiefen der Seele zu ihren angelegten Kräften bzw. Früchten, den Wesensgliedern ihres Lebensbaumes, treibt das Symbol Wurzeln, und bewirkt, dass Inneres und Äußeres im Menschen in einem einheitlichen Gesamteindruck verbunden werden.

Worte machen das Unendliche endlich, führen es nur in polare Betrachtungsweisen. Symbole entführen den menschlichen Geist, über seine Grenzen seiner endlichen Welt, in das Reich einer unendlichen, seienden Welt, deren Kräfte äußere Problemberge mit weiterem Bewusstseinshorizont verändern, wenn er dafür offen wird:

„Wenn du dich änderst, ändert sich deine Erfahrungswelt."

Die „Zahlenmerkaba" am Lebensbaum!

Merkaba (hebr. ‚Wagen') bezeichnet den „Thronwagen" aus der Vision des Ezechiel (in Hes. 1,4)
In dieser Meditation sich auf eine der Strukturen fixieren, auf sich wirken lassen,
sich immer tiefer darin hinein atmen und sich damit mehr und mehr verbunden fühlen!
Welche heilsamen Gefühle und Bilder tauchen dabei auf ?

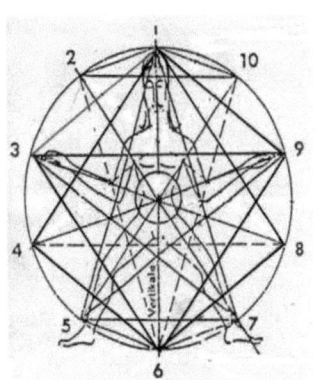

Aktivierung der Zahlentrigone am Gesicht

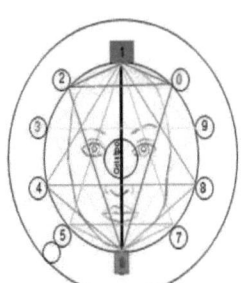

Praktische Hinweise - Praxisbeispiele

Das gefühlsmäßige Erlebnis von „Archelogos" (psychisch antreibende Anlagen) bzw. deren Zielbilder und den damit verbundenen Visualisationen, eben von Zahlensymbolstrukturen, mit den dazu gehörenden Glaubenssätzen, erschließt dir neue Wirklichkeiten. Es sind „Gefäße" für entsprechende psychische Energiequalitäten (auch „Psychoide" bzw. „Seelenatome" genannt).

Dazu gebrauche und über die Fähigkeit, zu visualisieren und zu imaginieren, also zur bildhaften Vorstellung. Visualisieren ist bildhaftes Vorstellen eines Gegenstandes oder einer Bildvorlage, hier nachfolgend die Engelstrigone des Pentagramms, die deine Seele berühren und erregen.

Imagination ist schöpferisches bildhaftes Vorstellen.

Wenn du das Symbol vor deinem inneren Auge entstehen lassen kannst, so wirst du empfänglich für seine geistige Qualität.

Kombinierte Zahlen mit Geometriesymbolen, öffnen nun noch effektiver Türen zu neuen Bewusstseinslagen. Sie erschließen dir neue Erlebnisqualitäten, wo du dein Leben noch leichter und kreativer meistern kannst.

Die Kraft des Symbols wandelt dich!

Suche dir ein bildhaftes Symbol, bzw. ziehe es durch Zufall aus den Engelskarten das dich tief berührt und dich innerlich gefühlsmäßig aufbauen soll, mit dem du bestimmte Erlebnisqualitäten verbindest und auch hervorrufen kannst.

Gehe damit auf Resonanz, indem du dieses Symbol ständig in deinem Blickfeld hast. Konzentriere dich öfter auf das Symbol, spüre die Eigenschaften bzw. dessen gefühlsmäßigen Inhalt.

Erkenne, dass jedes Bild oder ganz speziell und besonders jede Symbolform ein gezieltes Tor zu großen Kräften der Archelogos, mit ihrer eigenen schöpferischen Bewusstseinsqualität darstellt. Allein beim hingebungsvollen und intensiven Betrachten eines solchen Symbols wirst und lässt du dich davon „be-‚ein'-dru-cken'. Etwas wird in dich hineingebracht, bzw. aus anderer Sicht werden psychische Kräfte aktiviert, die dich verändern und damit zeitversetzt dein äußeres Sein beeinflussen.

Du kannst diese mit Unterstützung von entsprechender meditativer Musik noch intensiver wecken. Sei einfach ganz offen, die gewünschten Ergebnisse in irgendeiner Form in dein Leben treten zu lassen. Gebe dir dabei Zeit und versteife dich nicht auf ein konkretes Ergebnis, sondern sei mit gespannter Freude bereit zu erkennen, in welcher Form sich diese Eigenschaft in deinem Leben hoffentlich mit der Absicht „zum Wohle Aller" zeigen wird.

Um erkennen zu können, welche Kräfte unser Denken, Fühlen und Handeln primär bestimmen, eignen sich in besonderer Weise die „Engelstrigonmeditationen", deren „Fragethemen" sein können:

Krankheit, Lebenseinstellung, Selbstvertrauen, Liebe, Freiheit, Verantwortlichkeit, d.h. alle Existenzthemen, die ein erfüllendes Leben ermöglichen bzw. bestimmen. Der methodische Verlauf dieser Imaginationsform wird im Weiteren an Beispielen aufgezeigt!

Darüber hinaus könnte man sich vielleicht vor einer Arbeit mit Engeln mal ein wenig mit Traumsymbolliteratur oder Imaginationstherapien beschäftigen, da die Symbolbilder, die aus den Zahlensymbolen auftauchen können, viel über die internationale Sprache von Symbolen verraten, die meditativ aus dem Inneren entstehen! (*Vgl. Äppli: Imagination und Symboldeutung! –Knaur oder Axel Englert: Merlin lebt - BoD*)

Nach einer klaren Formulierung deines Problems bzw. Frage und welches Symbol mit seine Kraft dafür heilsam ist, wende dich also immer erst nach einer Entspannungsphase ins Innere gehend, deiner zufällig gezogenen Zahl zu. Betrachte es quasi einatmend und lass spontan seine Bildbotschaft mit seine Heilungs~ bzw. Lösungskraft vor deinem geistigen Auge erscheinen.

Lass dir dabei Zeit und zensiere das spontan auftauchende Bild mit seinen Darstellungen über den Verstand nicht!

Lass den Film dabei laufen!

Wichtig ist auch, diese heilbringenden Bilder spüren zu lassen, sich ein zu fühlen, da diese Gefühle mit ihren aufbauenden Stimmungen ja den Glauben stärken und das heilbringende „Wesentliche" sind!

Wende dich also immer erst nach einer Entspannungsphase ins Innere gehend unter Anrufung von „magischen Symbolen", wie weiter unten, im Buch geschildert deinem Engel- bzw. Zahlentrigon zu bzw. lass spontan sein Bild vor deinem geistigen Auge erscheinen. Lass dir Zeit, zensiere das spontan auftauchende Bild/Film mit seiner Person über den Verstand nicht!

Das Wichtigste ist dabei auch, seine auftauchenden heilbringenden Bilder spüren zu lassen, sich einzufühlen, da diese Gefühle mit ihren aufbauenden Stimmungen den inneren Halt und die Heilungsresonanz stärken und das heilbringende „Wesentliche" ist:

Der Dreiklang der Bewusstseinsebenen (Vgl. C.G. Jung)

- Die Empfindung stellt fest, was tatsächlich vorhanden ist.
  (Das Greifbare!)

- Das Denken ermöglicht zu erkennen, was das Vorhandene
  bedeutet,

- Das Gefühl, was es wert ist, wobei der Verstand dieses
  rational   in seine Situationen einordnen muss

- Die Intuition weist auf die objektiven Möglichkeiten des
  Woher und Wohin, aus gegenwärtig Vorhandenen.

Lass dich nun inspirieren bei deiner Engelsmanifestationsarbeit aus deinem Bewusstsein!

In der praktischen Arbeit kannst du die erforderlichen vier Symbole mischen und verdeckt vor dich hinlegen!

Dann konzentrierst du dich auf dein Problem bzw. Wunsch und ziehst durch den „Zufall" die für dich wirkende Engelskarte!

Die dienlichsten Fragen wären dabei:

1. Meine größte charakterliche Gabe wäre....
2. Eigenschaften die ich besonders fördern sollte...
3. Welche Energie fordert das Leben zurzeit von mir...
4. Mit welcher Energie sollte ich in mein Leben besonders
   arbeiten, in dieser oder jene Situation einfließen lassen etc...
5. Was hilft bzw. fördert mich in ...

Tauche so oft es geht in das bekommene bzw. gezogene Trigonbild ein und lass dich berühren!

Schau, was es mit dir macht!
Was wird empfunden?
Welches aufbauende Bild taucht dabei vor deinem geistigen Auge aus der Tiefe des Trigons auf?

Lasse dich, es tief einatmend und seine Kraft und Ausstrahlung spürend, mit seinem entsprechenden Mantra „Ich bin ..." das das Gefühlte am besten beschreibt, darauf ein!

Es findet sich nach einiger Zeit, was wirkt oder du bekommst darauf innere oder äußere harmonisierende Resonanzen, die Schwierigkeiten relativieren oder Berge von Problemen zu vergleichsweise kleinen Maulwurfshügel werden lassen!

Dafür kannst du dir die vier „Engelstrigone" kopieren, laminieren und quasi als Symbolik in gewünschter Größe herrichten und ggfls. deine Wünsche bzw. Sehnsüchte mit Bildern, Figuren oder Zeichnungen ergänzen oder darauf aufstellen!

Dabei kannst du noch eine entsprechende Legofigur durch Zufall für die Engelsenergie ziehen und darauf positionieren. Dann beginne visualisierend zu arbeiten, unterstützt mit den entsprechenden Affirmationen:

„Inhaliere" quasi mit deinem bewussten Atem das gewählte oder „zufällig" gezogene Zahlentrigon und achte darauf, dass du quasi anfänglich inmitten der Trigonzahlenfigur (Vgl. Seite 3 – Schlange!) sitzend, seine „1-6" Achse mit deiner Wirbelsäule verbunden bzw. empfunden wird und wie schon gesagt:

Wie sich das alles aber erfüllt,
überlasse dem Großen Geist in deiner Seele!

Der Mensch, der auf der geistigen, visualisierenden Ebene arbeitet, also mit psychischen Energien, wird „Magier" genannt.

Je mehr der „Magisch-Meditierende" mit diesen inneren Bildern und Symbolen arbeitet, desto größer wird der Druck und die Kraft, die sich hinter einem einzelnen Symbol, wie die magischen Waffen es sind, sammelt und in Resonanz mit der angerufenen Zahlensymbolenergie geht.

Es ist alles so eine Gestaltung aus dem Bewusstsein!

Die Kombination von Gedanke, Wort, Gefühl und Bild und nachfolgender daraus antreibender Tat haben immer die größte Wirkung!

Wenn der „Magier", *(der über solche innere Bilder arbeitet)*, einen Stab in seiner Vorstellung sowie auch real „hoch" hält, so ist das für sein Unbewusstes ein Signal, all die vielen Zahlenqualitäten, die mit dem Stab verbunden sind, freizusetzen und in die Psyche des Magiers (pers. „mag" d.h. arbeiten auf der bildhaften Ebene), heute „Mentalist" genannt, in Verbindung mit dem bewussten Atem, strömen zu lassen.

Es gibt hier keine Eile – Sei offen dafür, mit deiner Bereitschaftsenergie!

Psychische Kräfte lassen sich durch Druck, durch angestrengtes Wollen nicht zwingen.

Denke also immer daran:

„Indem du dich niedersetzt in Bezug auf deinen Körper, so beruhigst du dich auch in Bezug auf deine Leidenschaften und indem du dich so benimmst, wirst du das Göttliche zu dir rufen und in Wahrheit wird das Göttliche, das überall ist, zu dir kommen".
(Olympidos 6.Jhd. Alchimist)

Wenn du dich so selbst erkennst, so wirst du auch den wahrhaft das Göttliche und dich als Gottes Ebenbild erkennen!

Stäbe - Erzengel „Michael"
(Feuer – Antrieb – Rot – oder Gold)

Affirmation:

„Ich bin stärker als jede Angst und Herausforderung!
Ich bin die Kraft meines Seins"

Kelche - Erzengel „Gabriel" –
Seelengefühl- Silber)

Affirmation:

„Ich bin mein unbegrenzter Glaube durch mein Vertrauen zu mir!
Ich bin Zuversicht und Geborgenheit"

Schwerter - Erzengel „Raphael"
(Denken, Verstand, Entscheidung -Gelb)

Affirmation:

„Ich bin die Kraft – ich bin die Stärke –
Ich bin die Wahrheit meines Seins"

Münze/Scheibe - Erzengel „Uriel"
(Erde – Umgang mit~ / -Verwirklichung- Braun)

Affirmation:

„Ich bin der Meister meines Lebens!
Ich bin sicher und getragen
Ich bin fähig und kompetent"

Kopiervorlage Übersicht

Mit Zahlsymbol – Nur Farbsymbolik

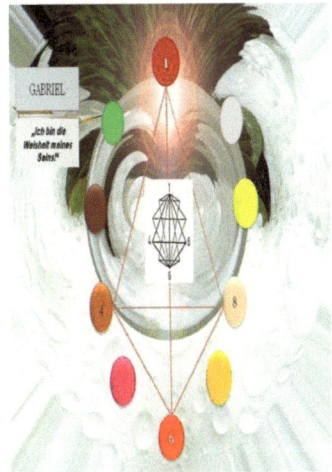

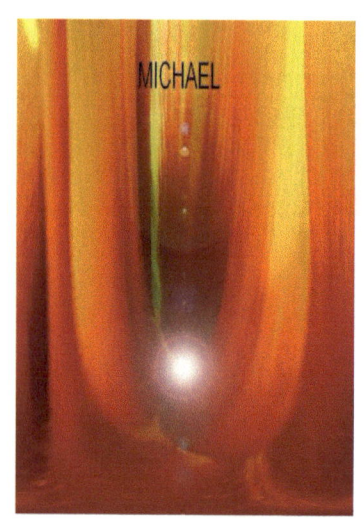

MICHAEL

RAPHAEL

GABRIEL

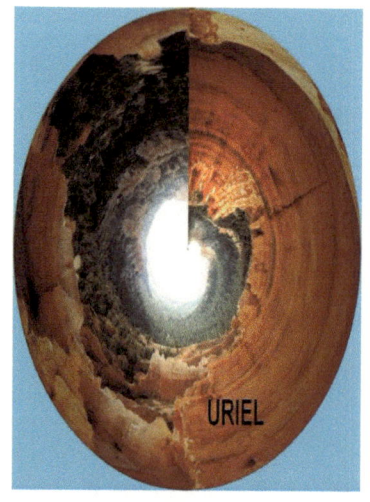

URIEL

Das Engelstrigon „Michael"
(„1-2-0-6")

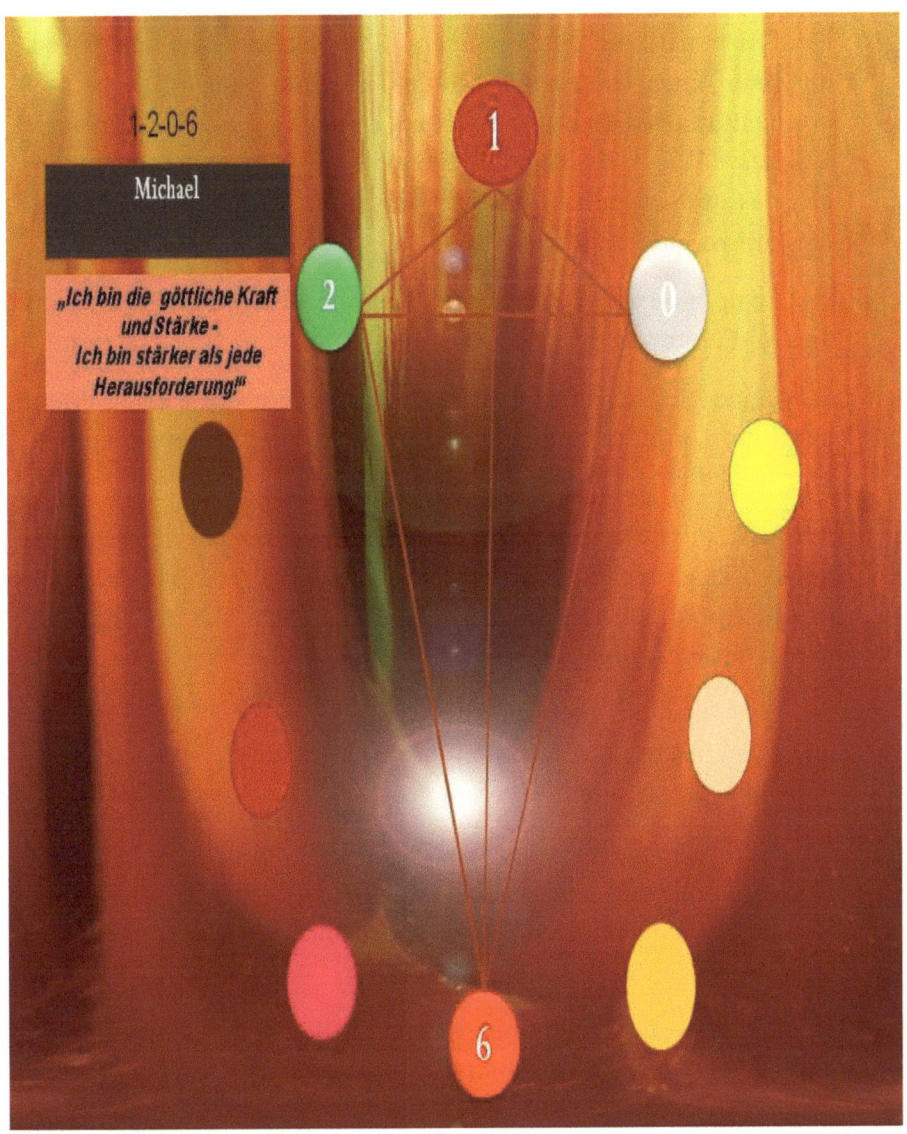

Therapeutische Arbeit mit dem Engelstrigon „Michael"

„1-2-0-6"

Der Klient trifft auf einen inneren Führer auf einer grünen Wiese, die von einer herrlichen Hügellandschaft umgeben ist. Er erscheint in der Gestalt eines hirten, mit einer großen Schafherde auf dieser Wiese. Er ist mit einem weißen, weiten Gewand bekleidet, das im Sonnenlicht leuchtet. Es ist ein warmer Frühlingstag, die Luft ist mild, rein und frisch.

„Ich empfinde Freude und Leichtigkeit. Ich wende mich voll diesem Führer zu!

E ist eine Gestalt, so großartig, wie ich zuvor noch keine erlebt habe, groß, kräftig, strahlend und leuchtend von innen und außen, sehr freundlich und voller Liebe.

Ich gehe auf sie zu und bin von seiner Ausstrahlung überwältigt. Seine Liebe und Kraft fließt in meinen Körper. Ich beginne innerlich und äußerlich zu glühen. Lange stehe ich vor ihm, bis ich all das aufgenommen habe, was er ausstrahlt:

Ich bin mehr und mehr erfüllt von seine Kraft und Stärke, die mich durchflutet. Und dadurch wächst alles auf der Wiese plötzlich viel satter und prächtiger.

Plötzlich trage auch ich ein weißes Gewand und ich fühle zunehmende Kraft und wachsenden Mut für mein Leben und seinen Herausforderungen, denen ich mich mehr und mehr leichter und spieleischer stellen konnte!

Die Angst vor meinem Leben wurde weniger und weniger und wo ich früher Berge an Problemen sah, wurden mehr und mehr daraus „Maulwurfshügel!"

(Bild: Eva Maria Shire „ shireart.de")

Aktivierung der Zahlentrigone am Gesicht

Michael „1- 2-0 - 6" (Stirn — Kinn)

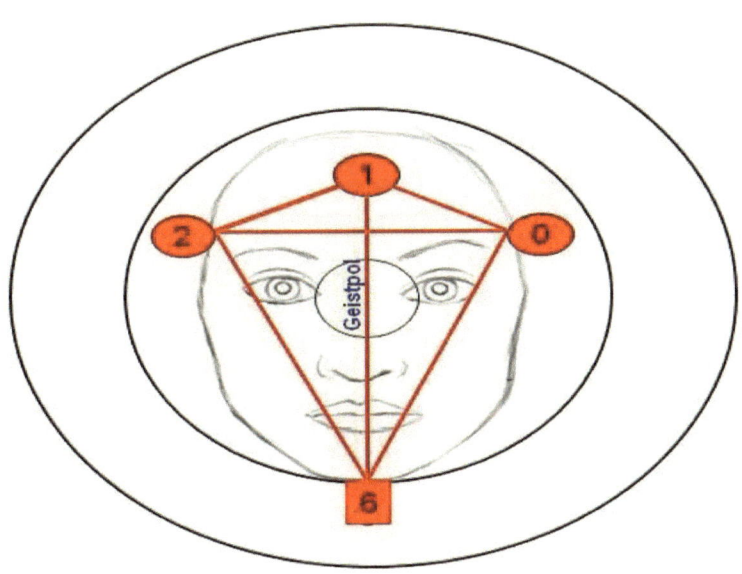

Das Engelstrigon „Gabriel"

(„1-4-8- 6")

(Bild: Eva Maria Shire „shireart.de")

Aktivierung der Zahlentrigone am Gesicht
Gabriel „1-4-8-6" (Stirn – Nasenfalte - Kinn)

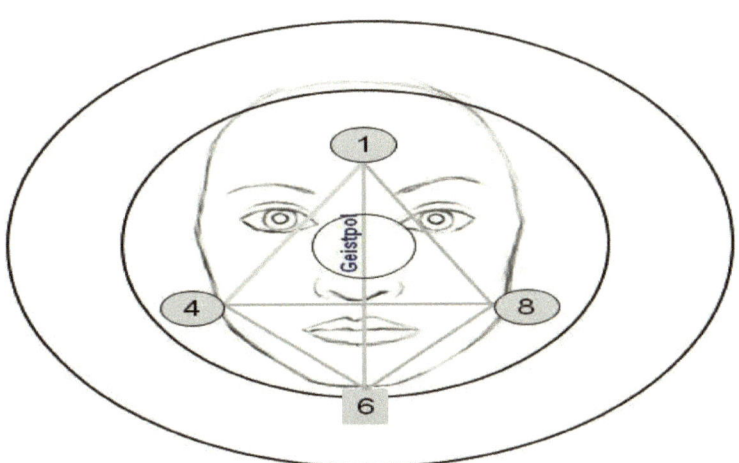

Therapeutische Arbeit mit dem Engelstrigon „Gabriel"

„1-4-8-6"

Aus einer weiten Hügellandschaft heraus, traf ich auf einen Maler, der mit seinem Werkzeug auf eine große Leinwand zeichnete!

Eine weiße Taube *(Symbol des Geistes)* saß auf seiner Schulter. Nachdem wir vertraut geworden waren, flog sie fort und wies uns den Weg.

Durch einen Höhleneingang führte uns ein alter Gang tief hinab. Alte Gemälde schmückten die Wände. Unser Weg führte uns weiter in die Mitte der Erde. Dort sahen wir deren Herz. Es erschien groß und rot und schlug kräftig. Dicke Adern führten weiter ins Erdinnere.

Der Maler bedeutete mir, ich solle meine ausgestreckten Arme auf das Herz der Erde legen. Kurz danach lag ich selbst darauf. Dem Rhythmus dieses Herzens folgend, bewegte ich mich auf und ab. Schließlich zog es sich eng zusammen, um dann umso heftiger zu klopfen und ich schnellte hoch wie auf einem Trampolin, flog durch den Erdmantel hinaus und sah während meines Fluges die Sonne auf- und untergehen. Zwei riesige Hände fingen mich auf und umschlossen mich und dann fand ich mich auf einem großen weiträumigen Platz wieder. Da saß ich und war ganz bei mir selbst, ganz konzentriert.

Dann, aus unglaublicher Höhe, fielen regenbogenartige Wassertropfen auf mich herab. Mein ganzer Körper kribbelte. Tief in mir fühlte ich mich reich beschenkt.

Ich sehnte mich nach einer Aufgabe, um die gewonnenen Kräfte umzusetzen.

Als ich mich umsah erkannte ich in diesem Raum blinde und herzkranke Menschen. Ihre entblößten Oberkörper waren über dem Herzen dunkel und rot entzündet.

Zusammen mit dem Maler formte ich nun aus dem lehmigen Boden des Raumes und aus herumliegenden farbigen Stofffetzen schlingenartige „Menschen-Herz"-Verbindungen, so dass schließlich alle Herzen der Anwesenden durch Lehm- und Farbbänder verbunden waren. Zusätzlich hielten wir unsere Hände verbunden.

Die Menschenkette, die sich gebildet hatte, wurde nun angeschlossen an das Herz der Erde.

Das führte dazu, dass es noch kräftiger, fast noch jünger schlug als anfangs. Die Folge war, dass die Menschen ihre Sehkraft zurückgewannen und ihre Herzen gesundeten.

Diese und ähnliche Wertimaginationen wurden für einen Abiturienten zur entscheidenden Bestätigung bzw. „Hilfe" bei seiner Suche nach seiner beruflichen Selbstfindung als Kunstpädagoge im Leben.

Das Engelstrigon „Raphael"

(„1-3-9-6")

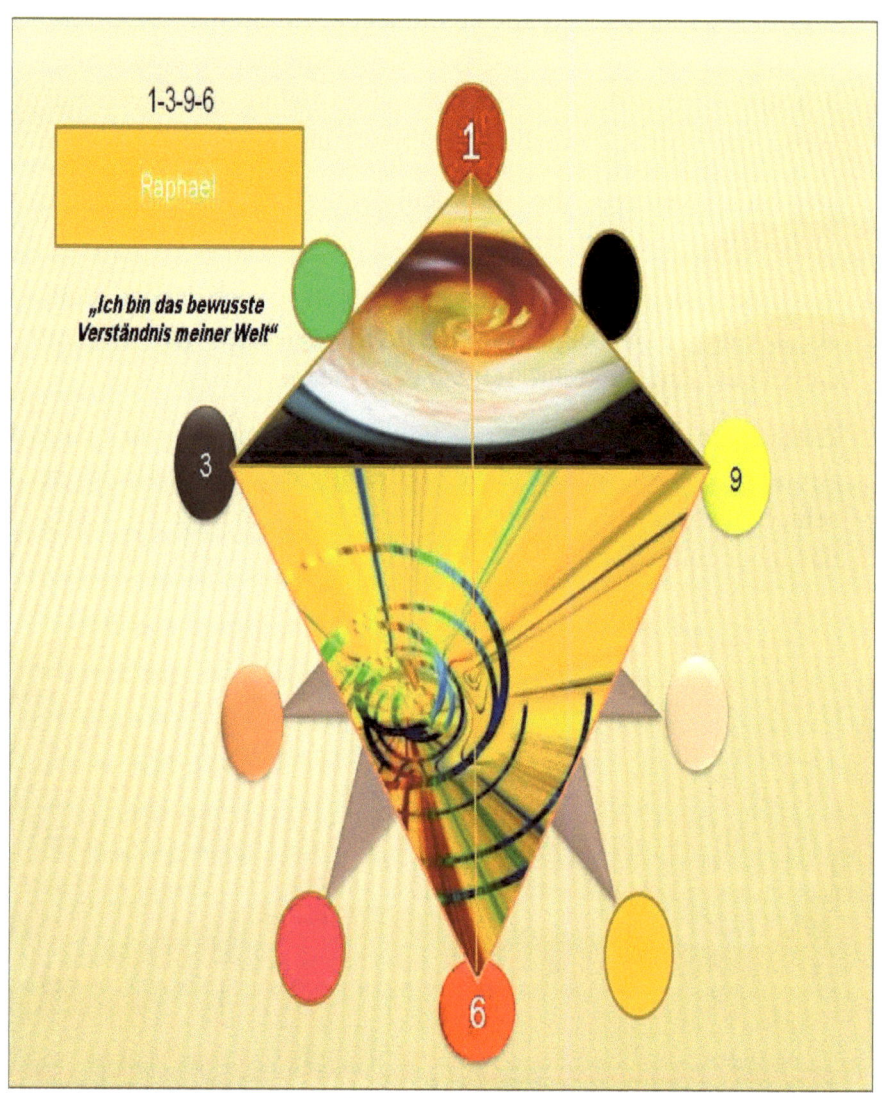

(Bild: Eva Maria Shire „ shireart.de")

Aktivierung der Zahlentrigone am Gesicht

Raphael „1-3-9-6" (Stirn – Augen bzw. Ohren- Kinn)

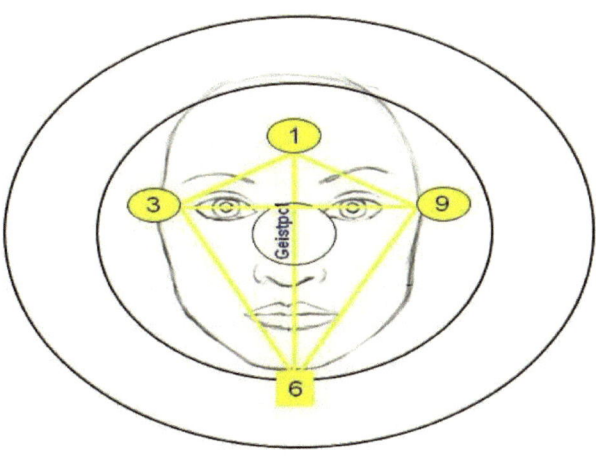

Therapeutische Arbeit mit dem Engelstrigon "Raphael"

„1-3-9-6"

Aus dem meditativen Einlassen auf das Engelstrigon wurde ich plötzlich in eine andere Welt entrückt. Eine wunderschöne, fruchtbare und weite Landschaft wurde sichtbar, in die ich nun hineinging.

Ich sah über mir einen großen Adler, der Liebe und Mitgefühl in mir auslöste. Er flog mir voraus, an einen Ort voll Licht, wo sich Menschen befanden, die körperlich längst gestorben waren und mich freundlich anblickten. Dort sagte man mir, ich solle zu einer Heilerin werden, die vielen Menschen helfen würde.

Die weitere Bildfolge schickte mich allein durch diese Landschaft weiter hinein.

Auf der anderen Seite der Landschaft erwartete mich ein junger Mann in Wanderkleidung. Seine Ausstrahlung hatte etwas von Leichtigkeit und doch konkrete Zielabsicht. Seine Gegenwart löste bei mir ganz intensive Assoziationen aus, die nur schwer in Worte zu kleiden sind. Es fällt etwas von mir ab. Anderes zieht sich in mir zusammen und erhält dadurch große Festigkeit. Es bleibt, was zu mir gehört. Ich fühle mich zunehmend authentischer und viele Assoziationen kamen aus meinem Inneren noch mehr hinzu!

Dann fängt der Wanderer mit einer tiefen, klingenden Stimme an zu lachen. Er reißt mich mit und wir lachen gemeinsam, ein befreiendes Lachen. Unser Lachen ging über in eine große Klangvielfalt. Verschiedene Instrumente wie Harfen und Glocken erklingen. Vogelgezwitscher und andere Tierstimmen sind zu hören.

Darunter mischen sich Naturgeräusche wie Meeresrauschen, Regentropfenprasseln, Blätterrascheln und vieles mehr.

Diese Vielstimmigkeit erschien mehr und mehr aufeinander abgestimmt. Es klang wie ein Windspiel, ganz harmonisch und berührend.

Auf meinen Armen trage ich mich nun als Säugling (*Symbol für starkes neues Leben*) und nehme an einem ausgelassenen Fest teil. Es wurde gegessen, getrunken und gelacht.

Alle feiern gemeinsam, auch die Alten, die Kranken und die Jungen.

Ich habe meinen Platz gefunden, an dem ich nicht im Mittelpunkt und nicht am Rand stehe. Ich gehöre einfach dazu. Alle Feiernden fassen sich an den Händen voller Verständnis und Verbundenheit füreinander.

Die Menschenansammlung wurde immer größer und verzweigt sich, wie ein Spinnennetz.

Mir kam der Gedanke, sie könnten weltumspannend sein und ich ließ mich auf das Alles ein!

Ich fand so zu einer neuen bewussteren Ordnung in meinem Leben!

Diese innere Vision hat mein geistiges Leben verändert. Von diesem Tag an wusste ich, wofür ich leben wollte und beschloss als Musikpädagogin und Ausdrucksmalerin zu arbeiten!

Das Engelstrigon „Uriel"

(„1-5-7-6")

(Bild: Eva Maria Shire „shireart.de")

Aktivierung der Zahlentrigone am Gesicht
Uriel „1-5-7-6" (Stirn – Kiefergelenke - Kinn)

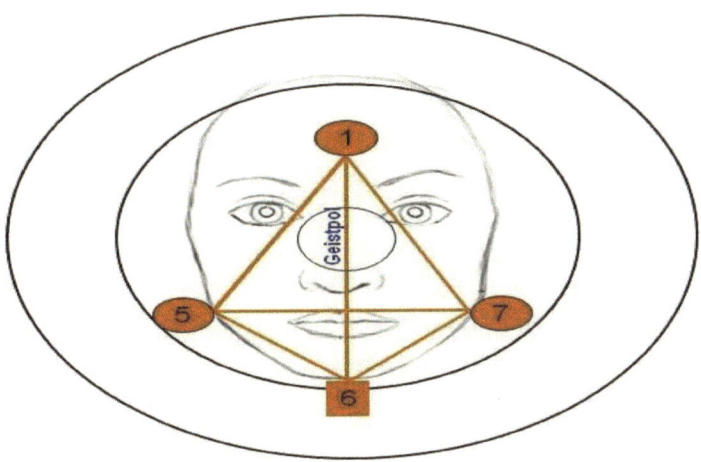

Therapeutische Arbeit mit dem Engelstrigon „Uriel"

„1-5-7-6"

Zwei starke Arme stecken sich mir von oben entgegen. Sie lösten großes Vertrauen und die Bereitschaft aus, mich von ihnen nach oben ziehen zu lassen in das Innere eines leuchtenden Tempelraumes!

Dort sah ich die Gestalt mit ihren starken Amen und es kam mir vor, als sei es eine mir bekannte Christophorusfigur aus der christlichen Lgende!

Eine Sonne, die aus seinem Inneren leuchtet, sendete Strahlen in die Weite, des Tempels!

Wir gehen in der Mitte der Säule durch eine Öffnung nach innen und gelangen in eine große, gewölbeartige Halle. Ringsum, an den Seiten und über uns am Gewölbe, sind kleine rötlich und gelb-golden flackernde Feuer. Es ist, als schaute ich aus der Mitte eines Christbaumes nach außen.

An den Feuern sitzen die mir vertrauten inneren Gestalten, auch meine verstorbenen Eltern, Großeltern und andere Gestalten des Vertrauens. Sie sind alle bezogen auf die Mitte des Raumes. Dort leuchtet ein völlig anderes, weißes Licht, heller als der hellste Tag.

Ich gehe mit Christophorus dorthin. Sie halten mich. Ich schaue ins Licht und höre ganz deutlich den Klang der Stille. Es ist die Stille, auf der sich alle anderen Klänge der Welt aufbauen, der Resonanzraum hinter allem Klang. Ich schaue in die Tiefe des Lichtes und werde hineingenommen in ein tiefes Aus- und Einatmen.

Alles ist ein ruhiges und gleichmäßiges Strömen und ich höre die Worte:

„Der Odem Gottes, dem alle Formen entspringen und ich merke, dass im Ausatmen Gottes mein neues Leben entsteht".

Ich spüre Licht, Feuer, Wärme. All das fließt auch in mich ein. Ich werde davon ausgefüllt bis in die letzte Körperzelle. Es ist ein unbeschreibliches Gefühl und wir stehen zusammen. In uns ist diese Sonne, das Feuer, die Wärme. Die Strahlen breiten sich aus.

Dann gehen wir in sie hinein. Die Sonne, die in unseren Mitten strahlt, bildet zugleich die Mitte der Erde. Von dieser Mitte aus wurde die Erde mit Licht und Wärme versorgt, um neues Leben gebären zu können.

„Diese Imagination hat mich so tief berührt",

sagte die Klientin danach!

Das, was ich erlebt hatte, löste so etwas wie eine tiefe Ehrfurcht vor etwas Gewaltigem aus, das mich überwältigt hatte und das ich nur geschehen lassen konnte. Ich habe dieses Geschehen tief körperlich wie eine Schwangerschaft gespürt und konnte mich ihm erst mal nur anbetend nähern. Gleichzeitig ahnte ich auch den Auftrag für meine kraftvolle eigene neue Lebensgestaltung, die sich aus dieser Berührung ergab…...

Die gebündelte Kraft der Erzengel
in der Heilungsschlange

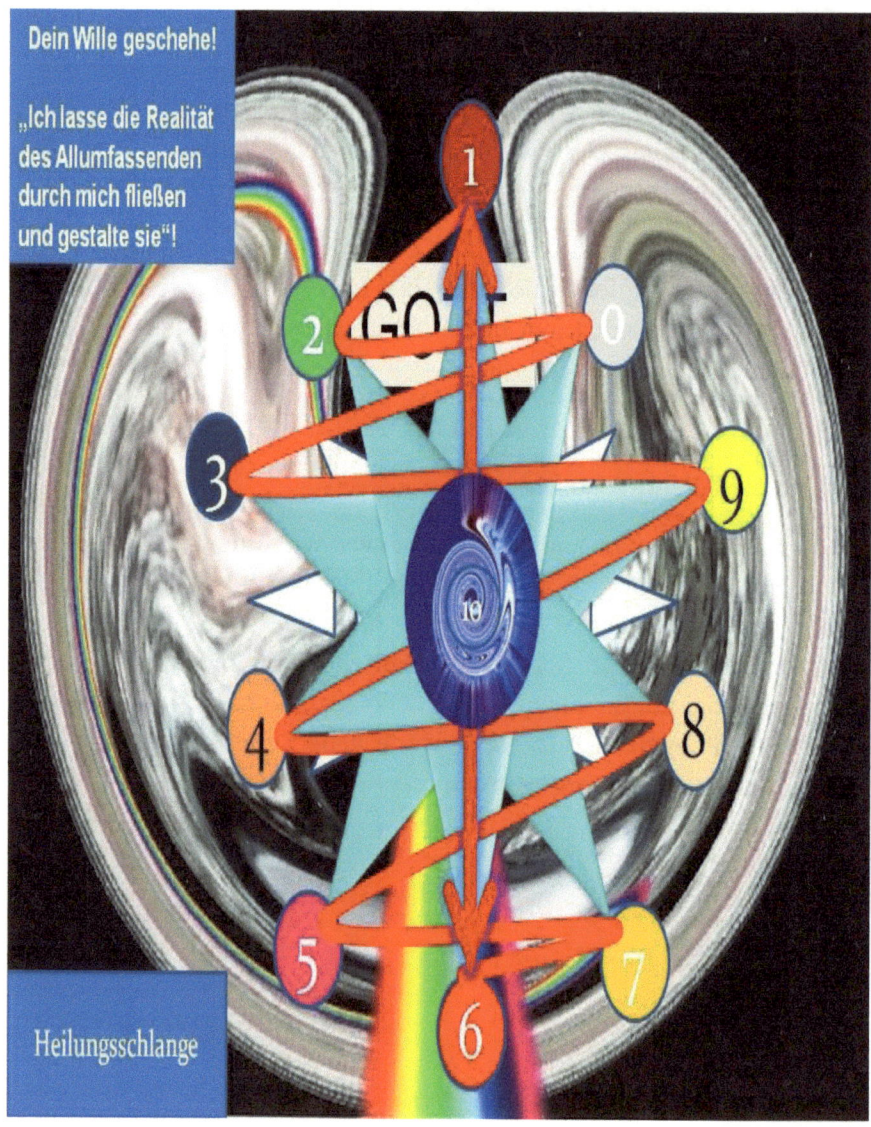

Hintergrundfoto: Crissan Collection

Eine Klientin mit Übergewicht und mit sehr hohen Cholesterinwerten und begleitender ständiger Medikamentierung, ließ sich unter meiner Leitung tief auf das Bild der „Ehernen Schlange", als die gebündelte Energie der Erzengeltrigone ein.

In ihrer meditativen Haltung mit geschlossenen Augen begegnete sie der Schlange auf einer grünen Sommerwiese.

Die große beeindruckende Schlange züngelte aber zwar, schaute sie dennoch freundlich lächelnd an!

Ich ließ sie die Schlange begrüßen und nach ihrem Namen fragen!

„Isis" wollte sie genannt werden!

Was willst du von mir – Kannst du mir helfen? – fragte sie!

„Ich, als ein göttliches Symbol, aus deiner Seele, sorge dafür, dass du bekommst, was du brauchst und ich versorge dich mit allem, was dich emotional nährt. Ich lass dich Schutz und Geborgenheit fühlen und dass du in deinem Leben erwünscht bist und dich auf der Welt zu Hause fühlen kannst. Daran mangelt es!

Ich will, dass du anderen Menschen nahe bist und ihnen deine Gefühle zeigst. Durch mich kannst du dich auf andere einlassen und an ihren Sorgen und Nöten seelisch Anteil nehmen. Es gibt keine Gefühle, die mir fremd sind, und ich kümmere mich darum, dass du möglichst viele von ihnen kennenlernst.

Ich bin die Mutter, die dich umsorgt und für dich da ist. Ich mag dein inneres Kind und sorge dafür, dass du es pflegst und gut behandelst, auch wenn du längst erwachsen bist. Ich möchte, dass du auch zu anderen fürsorglich und unterstützend bist.
Durch mich lernst du dich besser zu erkennen, dir mehr zu vertrauen.

Ich bringe dich mit deiner Seele in Kontakt und möchte, dass du mich dafür gut behandelst, denn ich bin sehr sensibel".

„Wie kann ich das bekommen",

fragte die Klientin!

„Komm mit und begleite mich" – forderte sie die Schlange auf!

Sie ging nun mit der, sich durch das grüne Gras schlängelnde Schlange, in die Weite der Sommerwiese hinein, mit ihren saftigen Gräsern und duftigen blühende Blumen, die sich in vielerlei Farben auf der Wiese sich entfalteten.

Nach kurzer Zeit stießen sie auf eine lockere Felsbrockenformation, die im Lichte der Sonne viel Wärme ausstrahlte!

Davor richte sich nun Isis auf und sprach lächelnd:

„Dort findest du das erlösende Geheimnis!

Geh und schau dich mal in dieser Felsformation um! - Ich bin bei dir und führe dich!"

Die Klientin kletterte in die Felsformation hinein, bis sie, fast im Mittelpunkt angelangt, vor sich, auf dem Boden, auf ein großes Schlangeneinest stieß.

Beim näheren Hinschauen sah sie, dass ein Ei am Aufplatzen war und sich eine kleine Schlange versuchte, aus der Schale zu befreien!

„Hilf ihr" - forderte sie Isis auf!

Die Klientin hob das Ei auf und nahm es vorsichtig auf ihren Schoß und half der kleinen Schlange, sich aus dem Ei zu befreien!

Zugleich überkam sie ein tiefes wolliges Gefühl an Zärtlichkeit und Zuneigung gegenüber der kleinen Schlange, die sie nun in die Hand hielt und fing an sie zu streicheln!

Es wurde ihr dabei ganz warm ums Herz und tiefe zärtliche Gefühl stiegen in ihr auf, als die kleine Schlange begann sich an sie zu ringeln!

Tief bewegt und mit der kleinen Schlange verbunden, wurde sie gewahr, wie diese sich bei ihr geborgen und sicher fühlte und sich an sie schmiegte!

„Erkennst du jetzt, was dir fehlt" - fragte ich die Klientin!

Übersetze es mal für dich und atme es tief ein:

Es ist ein kleines inneres verletztes Kind, das erkennen und spüren will:

„Ich bin geborgen und sicher und vom Leben erwünscht!

Spürst du, wie erfüllend dieses noch nicht erfahrene Gefühl des Neuen, bisher Fehlenden in dir zu spüren, dass du immer nur bei und durch andere gesucht hast und – oder erzwingen wolltest?

Das ist das wirkliche Eintreten in dein Herz, das hier zum ersten Mal aus deiner Seele deine ureigene Wärme, Zuneigung und Geborgenheit in seiner ganzen Gefühlspalette spüren darf!

Wiederhole es mit eigenen Worten immer wieder, beim Hinein fühlen, zu Hause oder anderswo, so oft es geht!!

„Oh ja!" rief die Klientin! - Es ist überwältigend und um mein Herz ist ganz warm"!

- Und auch Isis lächelte ihr ganz zärtlich zu!

Ich ließ die Klientin die Szene mit diesen intensiven Gefühlen zehn Minuten einatmen, in ihr Herz und den ganzen Körper!

Danach ließ ich sie sich von „ISIS" und der kleinen Schlangenkind verabschieden, mit dem Versprechen, so häufig wir möglich zurück zu kommen!

Das war ihre „Hausaufgabe", dies so oft wie möglich zu wiederholen.

Nach schon einer Woche begannen sich ihre Cholesterinwerte tatsächlich zu normalisieren. Ihr Essverhalten änderte sich und sie begann auch zunehmend abzunehmen!

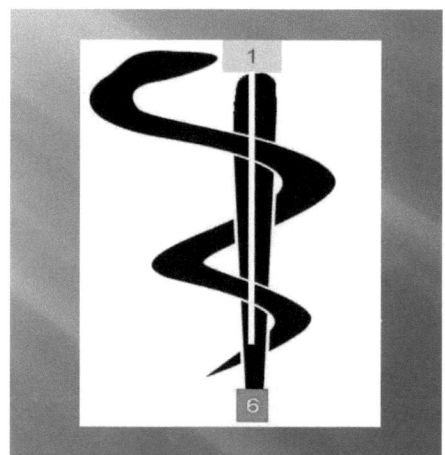

Natürlich kann es auch deine eigenen Variationen geben, in der Arbeit mit den Zahlenkrafttrigonen, gemäß dem Hermetischen Gesetz: „Wie innen, so außen, wie oben so unten - Alles spiegelt sich in allem"!

Um die Kraft dieser hervorzurufen (besonders bei Rückenproblemen nur die „1-6 Achse"), kannst du dich in deiner Meditation in eine visualisierte Krafttrigonpyramide (*„1-6"-Achse! – immer verbinden mit der Wirbelsäule*) stellen, mit offenen gehobenen Händen, spürst dich hinein bzw. siehst dich in dem visualisierten Trigon, mit den Zahlen stehen und intonierst und weckst dabei die Kraft des gewählten Trigons mit dem entsprechenden geschilderten Mantra und/oder lässt dir auch noch ein fühlbares emotional bewegendes Bild dazu geben!

Dann schaue mit Geduld darauf, was in deinem Leben geschieht, bzw. sich verändert!

Oder dasselbe ist praktizierbar über die Arbeit über den Kopf bzw. Gesichtsfläche, wobei die „1-6" Achse der Scheitel- oder Stirnpunkt (Stirnchakra!) bildet, über das Nasenbein hin an die Kinnspitze läuft. Das ist gut geeignet in einer liegenden bzw. sitzenden meditativen Haltung!

Aktivierung der Zahlentrigone am Gesicht
„1-6" (Scheitel – Kinn)

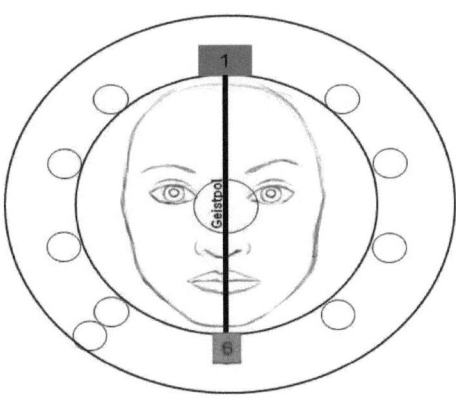

Letztendlich, als nun geübter „Zahlenkabbalist, kann besonders immer wieder auf die „eherne Schlange" des Moses zurückgegriffen werden, um sich mehr und mehr mit den gesamten Kräften des Lebensbaumes zu verbinden, die zu mehr Authentizität der eigenen Persönlichkeit führt!

Mehr und mehr durchblickst du dann dein Leben und es fließt, weil deine Intuition, mit Gefühl, Gedanke, Wort und Tat mehr und mehr eins wird.

Das vorausschauende schöpferische Agieren wird so mehr in den Vordergrund treten. Du überblickst so dein Leben, ohne nur zu reagieren. Da wo große Problemberge vormals waren, siehst du mehr und mehr kleine „Maulwurfshügel" und dein Leben fließt, weil du dich mit deinem Leben verbunden fühlen kannst!

Lasse dir auch hier, wie bei den Engelstrigonen, das entsprechende unterstützende bzw. heilsame Kraft- bzw. Bildsymbol aus der „Heilungsschlange" bzw. „1-6" - Achse schenken bzw. auftauchen und lasse dich, es tief einatmend und spürend, mit seinem Mantra „Ich bin ..." darauf ein!

So führe auch du jetzt, mit den geschilderten Symbolen und Zahlenbildern, dein eigenes „Kamingespräch" mit deinen göttlichen Wesensgliedern, den Archelogos, in deiner und mit deiner Seele, als die größte Version von dir und lasse damit Wunder in dein Leben treten, denn:

„Sei du die Veränderung, durch deine Symbolarbeit,

die Du in der Welt sehen willst."

„Du bist die Welt, in der du lebst – Diese Welt ist in dir"!

Die Engelsessenz

So sprechen die Engel zum Menschen und zu Dir:

„Sei bereit, durch die Beschäftigung mit uns und aus dem Erkannten entsprechend, das Göttliche, über unsere Symbolkraft, in dein Leben zu lassen. Das bedeutet aber gerade, in deinem konkreten Falle, bereit zu sein, dem Göttlichen, durch unsere Botschaften, in deinem Leben Raum zu geben. Das bedeutet zu räumen, Platz zu machen, Altes, nach wie vor Vorhandenes zu eliminieren, es wegzugeben, es loszulassen:

Atme die gewonnene Klarheit, die Reinheit, atme das Licht.

„Mer- Ka- Ba " – ist der Beginn und „Mer" ist der Anfang!
(Vgl. Seite 55)

Hier, bei deinem "Mer- Ka- Ba" sein, gibt es nur das, was ist, und das ist das „Ka", deine Seele sein, dein Geist, dein „Spirit" sein, dein Bewusstsein sein und dieses Sein beginnt überall dort, wohin du zu blicken in der Lage bist. Dieses Sein hat kein dir vorstellbares Ende, sondern immer wieder nur einen Anfang, ob es eine Geburt oder ein Sterben ist, das sich immer wieder sich in eine neue Form als „Sein" verdichteter Geist kleidet.

Genauso bist du eingeladen, dein Leben von nun an zu sehen:

Jeder Tag, jede Stunde, jeder Augenblick ist wieder nur ein Anfang. In jedem Augenblick deines Seins, in jedem Atemzug beginnt in deinem Leben etwas Neues und du bist eingeladen es so empfinden zu lernen. Es bedeutet ganz einfach für dich, keinen einzigen Gedanken mehr daran zu verschwenden, was einmal war und wie du dir einmal und irgendwann einmal, oder vielleicht auch immer wieder dein Leben vorgestellt hast oder wie du in der Lage gewesen bist, dir einmal dein Leben vorzustellen.

Es gilt nun diesen Focus, deine Aufmerksamkeit, über deine Symbolarbeit, hinein in eine neue Dimension deines Lebens und die Vergangenheit deines Lebens von nun an zu erlösen bzw. gib keine emotionale Aufmerksamkeit in diese. Lerne damit deine Aufmerksamkeit in der Symbolarbeit mit uns nun, auf das vor dir Liegende zu lenken und dort dein Ziel zu sehen. Was immer es auch sein mag, aber es liegt vor dir und du kannst es vielleicht noch nicht sehen, weil das was du siehst, größer als dein Auge ist, heller als das Licht, das du zu ertragen imstande bist.

Atme es bei deiner Engelsymbolarbeit ein und fühle es, dass du bereit geworden bist, deiner Göttlichkeit zu begegnen bzw. bereit geworden zu sein, Gott in deinem Leben zu begegnen!

Aber was bedeutet das „Gott zu begegnen?"

Vielleicht kommt hier dann dein Verstand und meint, hier kommt dieser alte Mann mit dem weisen Bart.

Nein! – Gott, durch deine Symbolarbeit zu begegnen, ist die Einsicht, die du gewinnst, dass dein Leben dann fließender, sinnerfüllter und unbeschränkter erscheinen wird, genauso wie es ist, ein göttliches Leben ist.

Das bedeutet, dass da wo vorher Bergen von Problemen existiert haben, nur mehr Maulwurfshügel zu sehen sind, die leicht umgangen oder weggeräumt werden können.

Es geht darum, dass du dich hineinführen lässt in deine größere Bewusstwerdung, was du in mit deinen Anlagen und Möglichkeiten wirklich bist und damit natürlich, was deine Sinnhaftigkeit und Lebendigkeit in deinem Leben braucht!

Deine Welt wirst du nicht vornehmlich durch dein Kümmern und bloßes Tun ändern, sondern nur durch deine Einstellung zu ihr.

Es ist eine Erkenntnis, dass die Welt, und der andere da draußen, im Äußern nicht getrennt von dir zu sehen ist. All die Ungerechtigkeiten, all die Kümmernisse und Sorgen, auch der Anderen sind deine eigenen. Du hast sie in die Welt wissentlich oder unwissentlich eingebracht. All das was du siehst bzw. dich berührt, ist deine eigene Welt, die dir zeigt, was du in Wirklichkeit selber bist.

Stell dir vor, dass du im Grunde ein vollkommenes Wesen bist, ein Göttliches, ein unendlich großes, weites und starkes, ein über alles hinausreichendes Wesen und genau um das geht es. Denn nur solange du in der Lage bist, dich klein zu sehen, gelingt es dir, dich abgegrenzt zu empfinden und das bedeutet dass du dein Ich, und das Du des Anderen getrennt empfindest.

Da bist du, der der/die oft hilfreich sein wollende und da ist der andere, der scheinbar der Hilfe bedarf. Es aber eine Trennung, eine Dualität, eine Polarität!

Wo ist das allumfassende Göttliche deines Seins in dieser Sichtweise?

Erkenne hier:

„Alles ist in allem enthalten!
Der Mensch ist ähnlich einem Wassertropfen!
Ein Wassertropfen mag bisweilen schon wissen, dass er in dem Meer ist, aber selten weiß er, dass das Meer in ihm ist!
Der Wassertropfen als solcher betrachtet, vermag so gut wie gar nichts.
Er ist mehr der viel gerühmte oder sollte man besser sagen „Tropfen auf dem heißen Stein", also ohne ersichtliche Wirkung.
Aber der Ozean auf dem heißen Stein vermag sehr wohl eine Wirkung zu erzielen.
Es bedarf nicht einmal des ganzen Ozeans. Es bedarf nur einiger Schritte, vom Wassertropfen in Richtung des Ozeans.

Das ist es, was von dir gefordert wird, durch die Unerquicklichkeit einzelner Situationen deines Lebens, nämlich einzelne Schritte in Richtung Ozean zu tun, hochgeschätzter und überaus geliebter Wassertropfen! Empfinde die Weite des Meeres wieder in dir – Lasse sie wieder zu!"

Dieses dir noch fremde und noch nicht in der ständigen Praxis Erfahrene ist ein Wirken im Sinne eines Tuns im alten Sinne, aber über deine Symbolarbeit wirkst du ähnlich dem Tun, aber weitaus effizienter natürlich und dein Wirken ist etwas „bewirken"!

Dein Umfeld, das, was du sozusagen außerhalb deiner körperlichen Grenze ansiedelst, reagiert nun mehr und mehr dabei auf deine neuen energetische Einstellungen bzw. deine Welt im Außen ‚RE"-agiert auf deine wachsende Resonanzmöglichkeit durch die Beschäftigung mit uns Engeln!

Diese wird dir, im wörtlichen Sinne gemeint, sicherlich eine angenehmere Lebensfülle zufließen lassen, als du es mit deinem menschlichen, vom Verstand gesteuerten Bewusstsein je erreichen könntest und gewagt hast, es dir in deinen kühnsten Träumen dir vorzustellen. Dein Verstand ist hier viel zu begrenzt, um dir diese Qualität vorzustellen!

Aber wenn du weiterhin nur auf die polare Ebene mit deinen menschlichen Wertungen und Begrenzungen blickst, siehst du es nicht. Du zweifelst dann, bist dir nicht sicher, und dennoch ist es so!

Wieso?- Weil Gott an sich unbegrenzt ist, eben allumfassend. In ihm kann deshalb kein Mangel sein, keine Bedürftigkeit und schon gar keine Begrenztheit. Er stellt an sich die Unbegrenztheit aller Möglichkeiten dar. Und diese kann er dir, als sein Ebenbild jederzeit, wenn du es wünscht, allein durch eine wachsende Kapazität des Vertrauens und Glauben an dich selbst zufließen lassen.

Es geschieht also, wenn du daran glaubst und wenn du dir selbst sicher bist und sicher kannst du dir nur dann sein, wenn du Gottes Allgegenwart fühlst. Ohne dieses erfahrene Fühlen, über die kraftvollen Symbolbilder, schaffst du es nicht zu glauben, schaffst du es nicht zu erkennen und damit innerlich groß, weiter und unbegrenzter für seine Fülle zu sein.

Es bedeutet, dass du dir bewusst wirst, bzw. tief aus dir heraus erkennst, dass du kein begrenztes Einzelwesen bist, das sich der Welt ausgeliefert und von ihr getrennt sieht! Hier wirst du dir mehr und mehr erfahrbar bewusst wirst, dass aus dir heraus mehr und mehr umfassendere Facetten und Sichtweisen erfahrbar werden und du noch freier und bewusster deine Welt wählen bzw. erschaffen kannst, und weist warum du es tust!

Du erschaffst dann nicht mehr durch Angst oder Bedürftigkeit, sondern aus reiner Freude an Verbundenheit und Entfalten, weil du jetzt weist, dass du „IN Allem Was ist" eingebettet bist. Dann kannst du dich entfalten und kannst spielen in einer „Landschaft mit weitem Horizont!"

Du erfährst mehr und mehr eine Bewusstseinsverfeinerung mit Zusammenhängen, die weitaus größer sind, als dein bisheriges begrenztes Tagesbewusstsein.

Es ist ein Gefühl, als sei man zum ersten Mal aus der Dunkelheit gekommen und registriert ganz deutlich, wie unbewusst doch die eigene Bewusstheit bisher gewesen ist!

Du durchblickst mehr du mehr dein Leben und es fließt, weil du dich sich mit dem Leben verbunden fühlst! Mit der Symbolarbeit wird deine Intuition, Gefühl, Gedanke, Wort und Tat mehr und mehr eins und alles fließ dir zu! Du fühlst dich erfüllt, ohne irgendein "weil" daran zu heften. Du stehst erfüllt in deiner neuen Welt und bist aber mit ihr nicht verhaftet! Du wartest nicht auf "bessere" Zeiten.

Du packst an und verwirklichst und gestaltest aus deinem Inneren, nimmst neue Chancen wahr und erfährst mehr Verbundenheit. Du bekommst eine umfassendere Sicht auf dein Leben und bist fähig, darin ganzheitlicher zu handeln. Du erschaffst und wirkst dann nicht aus Angst sondern aus einer spielerischen Freude am Teilen und Entfalten.

Die Symbolarbeit ist ein Vorgang der Befreiung. Es dient deiner psychischen Reinigung, der Klarheit. Öffne dich so dem Klaren deines Lebens, dem großen Licht aus deiner Mitte, deinem „Ich Bin" als Zeichen deines „Einverstanden seins" mit deiner Dreieinheit „Körper-Seele und Geist."

Empfange damit die Einweihung, dich mit Gott, seiner Liebe zu verbinden. Empfange deinen Segen für alle Zeit, deine Kraft und deine Stärke aus Gott, durch Gott, mit Gott."

Nimm deine Situation, nimm dein Leben, nimm all das, was sich hier darstellt. Nimm es um es zu gestalten durch dein Sein, das sich in dir über die Symbolarbeit nun verändert. Du veränderst so dein Sein, du lässt dein „Mensch-Sein" los, deine Schmerzen los, deine Rache, deine Ängste, deine Unsicherheiten, du lässt alles dabei mehr und mehr los.

Siehe das Manifest deiner neuen Zeit:

Und es werden sein für dich zwei Welten. Diese beiden Welten werden miteinander nichts mehr gemein haben. Sie driften aus-einander.

Die eine steigt auf in das Licht: „Mer-Ka-Ba!"

Es ist ein Anfang, der ein Anfang ist, eine Seele, die in jedem Augenblick neu geboren wird, von Dimension zur Dimension, die sie durchschreitet. Es wird sein, eine Welt der Klarheit.

Es ist eine Welt, in der du weit, weit siehst. Sei willkommen, der du reinen Herzens eingetreten bist, in den Kreis derer, die das Licht sind!

Was ist mit der anderen Welt?

Wo ist dein Focus?

Eben, es geht dich nichts mehr an, es ist nicht mehr deines oder umgangssprachlich formuliert: „Sei nicht neidisch"
Das ist ein eigenes Programm. Sieh auch nicht hinter den Vorhang. Du könntest erschrecken. Aber sei dir gewiss, es ist auch gottvoll. Es ist seine Liebe, seine Gegenwart. Aber es geschieht nichts gegen den Willen des Einzelnen.
Du hast dein Leben, dein Licht, deine Liebe. Die anderen haben ihr Licht oder ihre Dunkelheit, ihr Leben, ihre Liebe oder ihren Schrecken, so wie sie es eben für sich erwählt haben.
So bist du nun eingeladen, all das so anzunehmen wie es ist, als ein Seiendes. Du bist eingeladen, deine Position im Licht zu festigen als ein Seiendes auszuweiten durch deine Kraft, durch deine Stärke, die du in jedem Augenblick zeigst.
Breite deine Flügel aus, Engel des Herrn, Bote seines Lichtes. Bote seiner Liebe in deinem Leben. Segne es mit der Kraft dieses Bewusstseins, segne durch dein „So-Sein"!
Zu segnen bedeutet, das was Gott dir gegeben hat und das was Gott dir in jedem Augenblick geben wird, so wie du es von ihm empfängst weiterzugeben, es einfach weiter durch dich hindurch strömen zu lassen, als ein geöffnetes, sich Gott hingebendes!"

> Großer Geist, großes Licht,
> mein Herz ist dir in Liebe geöffnet,
> Ich atme dich,
> Großer Geist ich atme dich, du atmest mich.
> Wir sind eins!
> „Merkaba" – Ein Anfang der kein Ende hat!

AXel Englert

Supervision & Psychologische Beratung

Schulstraße 4
63867 Johannesberg
Telefon: 06021- 48 55 2
mental-x.de
www.mentalix@aol.com

Als Diplompädagoge (Schwerpunkt: Pädagogische Psychologie), mit lang-jähriger Managementtätigkeit im Personal- und Bildungswesen, erfolgte 1991 die Hinwendung zur archetypischen Psychologie von C.G. Jung.

Seit 1993 - Selbständige Tätigkeit als Trainer für Supervision, Sinn- und Konfliktmanagement, Ziel- und Teamfindungsseminare, Mentaltraining, sowie Persönlichkeitstrainings mit eigenentwickelten Familien- und Systemauf-stellungen.

Nach einer Ausbildung zum psychologischen Heilpraktiker, mit Praktikumser-fahrung in einer psychiatrischen Klinik, war der nächste Schritt die Führung einer ganzheitlichen ausgerichteten psychologischen Lebensberatungspraxis.

Unterstützt wird diese Praxis durch Studium und Anwendung der psycholo-gischen- astrologischen Beratung, auf der Basis der Huber -Koch- Schule und spezieller Fortentwicklung einer Kabbalistischen Numerologie, die der Autor in Ausbildungskursen in Verknüpfung mit der Analytischen Psychologie C. G. Jungs durchführt.

Mit seinen Büchern möchte der Autor auf heilende und lebensverändernde Kraft der inneren archetypischen Bilder und Symboliken hinweisen, die erst einmal frei-gesetzt, große psychische heilsame Energien in zu verändernde oder transformierende Lebenssituationen fließen lassen.

(Siehe: **www.bod.de** – Buchshop - Axel Englert)